Berro de Maria

Inez Lemos

Berro de Maria

Quixote + Do
EDITORAS ASSOCIADAS

Catalogação na publicação
Elaborada por Bibliotecária Janaina Ramos – CRB-8/9166

L557

Lemos, Inez

Berro de Maria / Inez Lemos. – Belo Horizonte: Quixote+DO, 2022.

152 p.; 13,5 X 21 cm

ISBN 978-65-86942-65-1

1. Mulheres. 2. Psicanálise. I. Lemos, Inez. II. Título.

CDD 305.4

Índice para catálogo sistemático

I. Mulheres

Nesta edição respeitou-se o acordo ortográfico da língua portuguesa de 1990, que entrou em vigor no Brasil em 2009.

Quixote+Do Editoras Associadas
Rua Alagoas 1270 - sala 304
www.quixote-do.com.br
https://www.facebook.com/QuixoteDoEditora/
https://www.instagram.com/quixote.do/
https://www.youtube.com/c/QuixoteDoEditorasAssociadas

Dedico às Marias, emudecidas,
entristecidas, divididas.

AGRADECIMENTOS

Gostaria de agradecer às amigas, amigos que acreditaram e estimularam a produção deste Berro - livro necessário. Sem eles teria sucumbido ao desejo antigo de registrar a saga feminina. Entre os corajosos, destaco: Clóvis Domingos, Daisy Perelmutter, Evandro Mello, Fernando Fonseca, Liliza Mendes, Maria Bernadetth M. Pereira (Dete), Maria Goretti Ferreira, Nete Moraes, Renata Bastos F. Antipoff, Rosana Carvalho de Oliveira, Solange Mendonça de Carvalho, Soraya Rocha Goes e Zeca Miranda. Em especial à Vanessa Santoro pelo carinho com que mergulhou ao realizar a apresentação do mesmo, sempre disponível. Regina Teixeira da Costa, por se dispor a ler o rascunho e propor que prosseguisse. Ao poeta, artista e músico Murilo Antunes, que também, de pronto, aceitou o convite em registrar, imprimir algo que ilustre nosso querido Jequitinhonha, a quem dedico um texto. E ao artista gráfico Paulo de Tarso Arreguy (Fatal) pela bela ilustração para a capa - soube contemplar em apenas uma imagem o teor do Berro - memórias de desespero. Do sofrimento à violência, afetos positivos e negativos, a vida em Desvario. À Quixote editora, João Camilo e Luciana Tanure por terem arriscado - quando tudo poderia desabar, entre pandemia e outros momentos obscurantistas, apostaram na força feminina. Sussurros, gritos. Garra, justiça. A palavra faz o sujeito. O berro refaz a dor. No verbo, a verdade.

APRESENTAÇÃO

A importância deste livro vai além de história cheia de percalços, travessias e coragem. Inez, paulista de nascimento e mineira de coração, atravessou a Serra do Curral numa epopeia de vivências. Somente isso já daria livro digno de minissérie de TV, tal a riqueza de acontecimentos. Dê família interiorana de São Paulo, os pais, gente da terra - fazendeiros que cultivavam fertilidade do solo onde soltavam gado e filhos. Havia destino programado a ela - dar continuidade às tradições familiares, ajudar a mãe nas tarefas domésticas, cuidar dos irmãos, casar, ter filhos presa à urgência da vida no campo. Acompanhamos no relato bem escrito as peripécias para se libertar de um destino que não era o que queria para si. O berro se deu cedo. Lutou com unhas e dentes para fazer a revolução pessoal, abandonar o roteiro estabelecido às mulheres campesinas de sua época e bancar o desejo de saber, estudar, formar e, principalmente, ser ela! A ajuda do pai foi fundamental como, aliás, o é para todos nós. Não é fácil sair da bocarra aberta da mãe jacaré, Outro Primordial materno que quer reintegrar seu produto - sem esse Nome-do-Pai que barra, na hora certa, a alienação no desejo materno e aponta para a cultura, para o mundo: "Vai, minha filha!" Como afirma: "sonhava conhecer a outra margem da vida... Queria saltar mundos, voar em asas de pássaros letrados". O encontro consigo mesma, ao conhecer Ouro Preto, toma consciência de sua finitude e questiona seu lugar no mundo. Apaixonada pelo desvelar, revela algo da dimensão humana, do ser mulher. Sai de sua história pessoal e passa a perseguir a mulher e suas histórias ocultas. Minas são muitas. E Marias também. Apesar de serem uma a uma.

O homem já foi dito, a Mulher está por dizer. A Mulher se põe como enigma aos filósofos, psicanalistas. O que quer uma mulher? O caráter subversivo acompanha as mulheres desde Eva. Elas tentam ser nomeadas, daí existir a partir do homem que as toma como objeto de desejo. Por isso é tão importante para elas o amor e o que se diz sobre elas. Do feminino fazem parte o ser mãe, mulher e profissional - posições valorizadas, desejadas. Antigamente bastava à mulher ser mãe. À medida que ela vai se libertando dos preconceitos, amarras culturais, o prazer sexual é buscado junto à realização profissional. A mulher ascende não a um saber sobre o sexo feminino, que escapa sempre, mas a um "saber fazer" sobre a feminilidade, encontrando solução para a questão identificatória. Para ela o amor é uma paixão. Sem ele ela se perde a si mesma, pois é o amor que a identifica como mulher: *Amor, paixão feminina* (Malvine Zalcberg). Este é um livro sobre o amor. O amor não é um rio tranquilo. É fúria, tragédia, renúncia. No limiar do amor, o berro de Maria.

A formação em história, sociologia e psicanálise abre à autora o campo da política. "Escrevo por acreditar que ainda precisamos falar dos equívocos culturais de nosso país". Ensaísta no jornal *Estado de Minas*, Caderno Pensar - crônicas esperadas, aos sábados, por todos. Escrevia com argúcia temas que permaneciam na obscuridade - incomodava. Aliás, presença incômoda em muitas instituições. Como professora de história, certa vez foi demitida por indicar O *manifesto comunista* aos vestibulandos. "Política e psicanálise andam juntas". Para a psicanálise, "o inconsciente é político" (Lacan). Não existe sujeito sem o Outro. Não há inconsciente sem o discurso do Outro, que nos precede e que nos constitui. Embalada por músicas, poetas, desaba: "adquiri humanidade nos livros...Como não sei poetar, me resta escrever e analisar. "Escrever é como encontrar-se diante de um buraco, no fundo de um buraco, numa solidão quase total, e descobrir que só a escrita vai te salvar...É preciso ser mais forte que aquilo que se escreve...Ser escritor é um preço a se pagar por ter ousado sair e gritar. " (Marguerite Duras). Inez transformou dor em arte.

Vanessa Campos Santoro
Psicanalista

“As definições pertencem aos definidores, não aos definidos”.
Toni Morrison

“Mas há o hábito e o hábito anestesia”.

“Luto ... por uma novidade de espírito”

“ Em cada palavra pulsa um coração. Escrever é tal procura de íntima veracidade de vida”.
Clarice Lispector

1

Nasci Maria, depois de cinco machos, entre galinhas e porcos. Sertão paulista. Fui estruturada na raiva. Preciso registrar o drama das mulheres, sofrimento invisível destroçado debaixo de saias, silenciado em bocas vermelhas desprezadas, batons de sangue. Choros sufocados, soluços emudecidos, amordaçados. Histórias de muitos desejos transbordando feridas abertas. Mulher é sangrar, berrar baixinho pra ele não acordar. Cresci com desejo de revolução, queria parceria na convicção. Talvez o amor pudesse ser um bom lugar de contestação. Na cama, enquanto miolo de homem está mole, fresquinho, meio feminino. As fantasias ferviam entre pernas, corpo suplicava, em brasa. Amar com posição, determinação, queria descontrolar na vida e na cama, imaginava sexo um estarrecimento, desvario, um dia chego lá! Temia desencorajar, coração despedaçado faz mulher submeter. Depois recupera juízo, se faz forte. Logo cedo fui descobrindo que havia vida além do fogão a lenha, obrigações da casa. "Menina, vai pegar frango pra janta. Pula em cima e segura". A vida da mulher até criar couraça é terra arada, devastada! Sem lutar, vai tudo embora, some no barro depois da chuva, vira esterco, estrume. Se não ganhar coragem vira sabugo - a sobra depois do milho comido. Sangue coagulado. Cresci querendo alhures, vida de orquestra, recusava música de câmara. Mais pra ventania, furacão, garoa paulista é pras inseguras. Queria vida de artista - casar muitas vezes. Mirava as mulheres das revistas *O cruzeiro*, *Manchete* - o pai comprava quando ia na cidade. Podia ser o que fosse, até puta, qualquer coisa melhor que mulher, profissão doméstica, rainha do lar. Reinado suspeito, única realeza que conhecia era o Rei do gado. Meu mundo não caiu, nasceu no chão. Mulher distraía pensando emoção – existência miúda que a gente descobre quando come devagarzinho. Sedução esconde intimidade, verdade sentida tem estrutura de fantasia. Tesão estruturado no desejo de paixão desliza igual dedo do prazer, alaga tudo, abre abismos, finca sentido, cava cratera na alma. Deixa o corpo fraco de tanto querer. Poucos gostam de falar com a palavra de dentro, fixam em converŝa que não desaba, papo desidratado - mal sabem que são as fantasias escondidas que comandam a vida sexual, na cama ou fora dela. Bom é pensar sem tradição, longe do que pensa pai e mãe. Sonhava conhecer outra margem da vida. Voz de família é cheia de enganos, manipulações. No sertão, todos se parecem, falam a mesma língua - alegria ou tristeza. Boi, vaca, peão. Ninguém reclama, conflito mudo. Nasci com sentimento de cidade, gostando de descobrir, cavoucar novidade. Procurar graça, vida no sentir - brincar de vontade. Hibernar, consumir devaneios até explodir de fome e desejo. Viver sem fome de sentimento é tédio, o que mata fome é tocar o fundo, nosso e deles. Quando falamos, penetramos, revelamos histórias que nos levam à lugares que sonhamos encontrar. Inusitados, mudamos de país, idioma, comemos cultura nova. Queria saltar mundos, voar em asas de pássaros letrados. Até urubu servia, abandonar lugar comum. Nasci entediada, bagunçada. Sonhava com Rio de Janeiro, Teatro Ruth Escobar, jantares no La Fiorentina, bisbilhotando papo de artistas. Julgava vida de intelectual a melhor coisa do mundo. Nem ir ao Cristo carecia, deixa ele quieto. Melhor não mexer com santidade, igreja, reza, benzedeira. A mãe gostava, garantia a felicidade da família no terço, cada mistério, uma salvação. Tinha mania de olho gordo, macumba, tudo de errado na família era coisa ruim dos outros - boi morreu, adoeceu, arroz minguou. Mulher tem que diversificar olhar senão aborrece marido e filhos. Reclamar, esperar milagre deixa criança medrosa, tensa, burrice das grossas. Rezar e aliviar a alma até dá sentido, mas fixar no medo da maldade alheia, rouba liberdade. Quem reza pra ficar rico, feliz nunca fica. Nunca há riqueza suficiente, quando ela chega, nem percebe, continua lastimando. A mãe obrigava os filhos à ladainha - toda noite, terço e banho de água benta. Antes de dormir, nunca falhava, reza comprida, sofrimento eterno. Santo ou profano, escolhe logo. Escolhi profanar, pecar com sabedoria, botar sabor na existência, registrar de vermelho o vivido.

2

Coisa do diabo, maligna, serpente que tenta homem. Ordem do mal que traz o caos, assim fomos definidas, trevas! Mulher, melhor benzer que blasfemar, tem que trancar pernas, desviar olhar. Sufocar sexo, mortificar. Carregar cruz de casamento errado. Abnegação. Cresci com vontade de virar homem, livrar de tanta maldição que chegava aos ouvidos. Cultura da negação, desvalor e dor fez com que recusasse o lugar do feminino - mãe, esposa. Ser entregue a marido e presa à maternidade. Rejeição, traição, sempre a mesma danação. Mulher sofre em branco e preto, uma dor sem fim, dilacera dentro e fora. Dor por sentir e querer diferente dos homens. Sentimos com olhos de dentro, dormimos engolindo raiva, ouvidos moucos. Monogamia é convite à hipocrisia. Dificilmente homem assume, orbitamos em volta da sensação de amada, utopia de felicidade, não percebemos a tragédia que se anuncia. De arrancar cabelo a dor da buceta preterida, histórias das despeitadas se avolumam, urdidas no desprezo. Um abismo entre os mundos de baixo, nossa caverna não se comunica bem com o canhão fora de casa, erupção. Sexo é entreposto onde os desejos fazem escambos, ofertas desencontradas, um quer batata, outro feijão. Contudo, ele disse: "tudo bobagem, você está é com ciúmes". Como amar e não sofrer quando desdenha do amor que empenhamos, permita que outros e outras invadam nossos domínios, depreciando a liturgia do cargo? Te coloca em lugar iludido e sem entender direito, você continua articulando jantares. Às vezes, o alvo do ciúme é parte dos convidados. Amiga, fingida. Afronta, papel de trouxa. A prática da humilhação engendrada na misoginia produz trauma – ódio à mulher é coisa antiga, nasceu com os cristãos, ordem era proibir o gozo feminino, carne silenciada nos afetos negativos. O machismo é irmão do viralatismo. Complexo de vira-lata, expressão cunhada por Nelson Rodrigues ao explicar nossa baixa autoestima. Agredir pra autoafirmar, gritar, disfarçar insegurança. Macho age na força ao compensar fracassos, medos internalizados, equivocados. Filho bastardo dos portugueses, projeto colonial de exploração. Gozar, humilhar, escravizar. Aculturar, processo que acontece, sem perceber nos tornamos submissos, oprimidos. Cada dia, aos poucos, dose de desprezo. Circulamos contaminados pelo desrespeito ao outro como se fosse um direito. O caldo sujo, desumano que nos lambreca é resquício do rebaixamento que nos submeteram. Opressão colonial nos deixou em posição de objeto. Pau-brasil. Humilhado, o recalcado ressurge, faz estragos. Dialética do senhor/escravo, o troco do trapaceado. Destituído de identidade própria, compensa humilhação. Pervertido, desdenha do pai contraventor. O mito fundador foi perdendo moral, se pervertendo. Pai, pirata. Herança paterna duvidosa, interdição fracassada. O machismo remonta à pilhagem, roubo e espoliação colonial. Muitos repetem, roubam a boa indecência, corpos ardentes transbordam feminino, esperança furiosa de final feliz. Olhamos o mundo com as tetas, queremos acolher, acariciar. *Hello Brasil*! Ao psicanalista Contardo Calligaris, terra de muitas alegrias, paixões e queixas.

3

Mulher quer ser rainha na cama do escolhido. Há homens que fazem mulher sentir soberana, mereciam Prêmio Nobel. Sexo bem-sucedido é raro. Dividir o delírio do orgasmo é valioso, poucos conseguem. A hora de um não bate com a do outro. São tantos os requisitos que a moçada está terceirizando o barato. Buscam ajuda nos aparelhinhos, turbinam nos sexoshoppings. Minha geração não foi beneficiada com parafernálias. Opção era nos virar com o original. A cama era metáfora de tesão e elaboração, recusávamos trepadas banais. Lutávamos pra honrar cada orgasmo, reverenciávamos os caprichos da xoxota e outros orifícios do prazer. Perseguíamos os mistérios do sexo, buracos erógenos, loucuras secretas. Acreditávamos na contribuição da boa conversa, mediação fundamental pra fazer avançar a sedução. Ninguém molhava calcinha em vão. Outrora, mulher só tinha valor se fosse mãe, santa, assexuada. Mulher solteira, coitada, eterna tia, cuidadora de pais idosos. Melhor ficar inacessível, intocável - se experimentar e gostar, pode virar puta.

Deteriorar igual comida fora da geladeira, pecadora sem o perdão dos cristãos. Não devemos demonstrar desejo, circular com sexualidade à vista. Mulher desejante assusta, temos que fazer o jogo da histérica: "num tô nem aí" - esconder querenças, privilégio de macho que se julga no direito de seduzir vizinha, sobrinha, enteada, até filha. A pedofilia mora em lares abençoados. Já mulher que leva sedução à rua é vadia, bunda vaga. Gozo feminino precisa ser desdobrado, desembrulhado, os prazeres do corpo não foram democratizados. Mulher que aprende a urrar de verdade, que não finge, é safada, piranha. Perdemos até na cama, conta que nunca fecha. Ele goza, nós limpamos a porra, sussurrar, miar, só de dor. Misoginia foi inventada pra garantir dividendos, rentabilidade - moral cristã falida. Desdenhar, desvalorizar, comprar barato. Corpo feminino, mercadoria a vencer, desvio de função, objeto de sedução - exige-se bunda tesa, impetuosa, invenção pra vender pneu, carro e imóvel. Jogo moralista, emporcalhado de macho, temem dividir o reinado, perder prevalência, valor superdimensionado. Gozam com a mulher no cabresto, pau que levanta mesmo quando o nosso está baixo, desativado. Mulher gosta de ser enroscada, esfomeada, envenenada em palavras molhadas – reverencie nosso tesão. Observação, foco nos detalhes, ser nomeada, sentir única. "Você é a mulher da minha vida, seja na cama ou na cozinha. A verdade do momento de júbilo, pujança abissal merece ser registrada. Gosto de debruçar sobre as mulheres que estou amando, deixo derramar o mel da paixão e, nele, me eternizo. Tive algumas e fiz delas minhas rainhas, digo isso sem a fúria machista. Mas hoje meu ardor é todo seu, um cativo de seus encantos". Fragmento de uma carta, um amor grandioso que se foi, na memória, cantoria abençoada, dourada. Guardo preciosidades, como descarto maldades, destas tento me livrar. Colecionar amargura dá eczema, psoríase. Amor que rende tem interesse, quer descobrir zona de loucura, incendiária. Cada qual goza à sua maneira, na cama não entra razão, tampouco explicação. Lugar de ousadia - me pega e faz o que você quiser comigo. Sexo é pulsão, furacão, não pode ser barrado em moralismos. E a família, mãe, tia? Muitos gostam de transar com tradição, leva todo mundo pra cama. Há mulher que na cama exige como se fosse homem, valoriza cada orgasmo, tem sabedoria pra não se vexamar quando a dita emburra. Já homem quando brocha, entristece igual quando perde dinheiro. Muitas, de tanto brochar, vivem entristecidas, frieza no olhar - acostumou com a peleja do orgasmo feminino, sempre abandonado, desprestigiado, tormento que pode levar à loucura. Bicho malvado, escorregadio, não é todo dia que se avizinha. Sexo e família quase nunca combinam, muitos são educados pra escolher mulher com desejo de mãe. Trabalhadeira, dedicada, resignada, temem o fogo da piriquita. Inventaram desigualdade pra evitar concorrentes na cama, lugar de despejo dos assanhados. Nem toda mulher tem disposição ao masoquismo, papel de vítima. Não sentem prazer ao ocupar o lugar da criança indefesa que se entrega às carícias do poderoso - boneca no imaginário do pau duro. A vara que ordenha a vaca, comanda a família. Ego fálico, no fundo, macho bundão, sem mulher, confusão - poucos recusam o ninho materno quando separam. Retornam à merda quentinha, confortável, onde dificilmente serão questionados, implicados. A casa da mãe não representa risco, cobertura garantida. O machismo estrutural, falocêntrico, foi cunhado à várias mãos - femininas, masculinas.

4

História de homem e mulher é antiga, mas até hoje carregamos um caminhão de entulhos, somos porão de coisas velhas, quarto de dejetos, putrefação de macho desalmado - não se faz limpeza rápido. Foucault nos alertou, cuidado com os dispositivos de poder. Tudo começa lindo, no altar, diante de testemunhas, ou numa simples padaria, fazem juras, cria-se áurea. Divindades convocadas, alianças simbolizando cumplicidade, duas cabeças, vários significantes, duas argolas, mundos distintos. Surpresas e fantasias, o amor não é cortesia. Inicia-se via sacra, cada tempo, novo calvário. Muita mulher cresce equivocada, nada garantirá o paraíso. Tampouco o casamento – felicidade, desenhos bordados sem destino, futuro é determinação. No imaginário feminino, amor é samba canção. Cenário de cabaré, delírios em Paris. Champs Élysées, Chanel, plumas e maçãs, Moulin Rouge, champanhe nos beiços. Madrugada transcendendo piruetas de desejo. Ávidas, sedentas, poço de vontade, queremos o que vocês nunca vão nos dar. Amor, causa perdida. Não desistiremos de buscar no cotidiano ordinário, o extraordinário. Entre trânsito, supermercado, a coisa lateja, não cessa, cutuca fundo. Cadê o amor, aventura obstinada, loucura épica. Olha ao lado e não reconhece o que vê, olhos desencantados saem de órbita, voam. Alucinação, entra em transe e se descobre entre beijos, afagos, tudo berrando. Viagens, fins de semana em Paraty. "Pra ti, querida, todo o meu amor nesse dia". Uau!! Acorda, fudeu, o carro morreu, o corpo enrijeceu. Homens, isso é a mulher. Não desistimos de subir montanhas, Serra do Curral, é no topo do mundo que queremos depositar orgasmos. Lá que nosso corpo anseia testemunhar prazer, gozo em sentir o feminino vasculhado pelo masculino. É nas alturas que queremos reverenciar o êxtase de tocar pedacinho do céu. Invadam nossa alma, arrebentem entranhas, acariciem ilusões de que, pelo menos naquele momento, somos únicas. Únicas, ouviram? Sem isso, definhamos, murchamos. Somos pulsão em busca do objeto pra nele bordejar. Precisamos, por vocês, serem nomeadas, elogiadas, reconhecidas. Necessitamos ouvir, não resolve presentear, não falar. Queremos acreditar, sentir (podem fingir, mas, por favor, sejam convincentes) de que somos a mulher de suas vidas. Um continente negro a ser desvendado, desvirginado, enfrentado. Obscuro, inquieto, colorido. Recebam nossa disposição ao amor. Somos escravas de nosso desejo, gostamos de tê-lo no comando. Não somos covardes, ajoelhamos, entregamos, berramos. Sem fantasiar o tesão, emoção, a festa não rola, assunto não rende, sexo empaca e o amor perde o roteiro. Onde vamos depositar alma mendiga se não nos oferecem a porção de sedução? Gostamos de confessar, à meia luz, os sentimentos quentes que se lançam com delicadeza. Contamos com a cumplicidade do abajur, conversar com o amor requer penumbra. Queremos transcender a miséria amorosa, a mesmice empobrecida dos sexos entediados, covardia de quem não fantasia com noites de amor em Budapeste, Amsterdã ou Diamantina.

5

Nasci mansa, foram me enfezando, esbravejando. Dentro, muito choro, revolta. Família tradicional, filha inconformada, desformada, aos olhos da mãe, deformada. Brava por sobrevivência, esfuziante nas convicções, contundente nas decisões - desejante em excesso. Freud iniciou os estudos da insatisfação feminina presenciando corpos se debatendo de desejo - dor que fazia as mulheres se sacolejarem, se jogarem ao chão. Denunciavam no corpo a repressão feminina, filhas de Emma Bovary. Recusavam o ideal feminino da época como forma de subjetivação, sexuação. Ansiavam por vida de heroína, se reconheciam nos romances, muitos amantes. Abrimos espaço pro recalcado se expressar, eis a luta da mulher oitocentista que buscava formas de satisfação. Salvas pela revolta que fez sintoma. Histeria, o berro da angústia registrado no corpo feminino que escolheu a sintomatologia da conversão e denunciou o prazer proibido. Corpo que não podia vislumbrar orgasmos em outros lençóis. A mulher que se aventurou nos braços do amante foi condenada ao leito da morte, ou encarcerada em hospícios. Tesão e loucura, pecado sagrado. Como tamponar as labaredas do desejo, se haver com o oco existencial sem se queimar na fogueira venenosa do machismo? Queremos rever nosso lugar no mundo. Ninguém escapa à lógica fálica, falo é faro. Farol que ilumina demanda de amor, aquilo que não iremos alcançar por completo, mas que nunca deixaremos de procurar. Não nascemos prontas, vamos nos fazendo, cada dia pouco mais. Somos muitas. A mulher não existe, o que há é uma mulher. No singular, temos Maria, Joana, Antônia. Cada qual escolhe os contornos, retoques conforme identificação. Prefere ser mais parecida com o pai, ou com a mãe? Escolhi o pai. Homem sem arremates, força bruta, leão doce, livre. A mãe sonhava com princesa, boneca pra enfeitar, logo fui desvendando armadilhas. Nos iludem com imaginário feminino, aceitar que lugar de menina é dentro de casa, menino ao ar livre - cavalo, pescaria, lagoa, canoa. À menina, descobrir transcendência entre panela, peneira, aprender se lambuzar com a poética do quintal, junto ao frango sendo depenado. Pra cada pena, um mergulho, rever conceitos. Na roça tudo se traduz em objetividade - subjetividade se esconde na horta, pé de abacate, mexerica. Pra gostar de cultivar taioba, salsinha, precisamos estar em dia com sexo. Mulher que ainda sonha ser feliz na cama, não liga pra quiabo, chuchu, jiló. Vai à horta revoltada, sentido longe. Pisa leve, devagar, cada passo, um suspiro. O coração, aos soquinhos, empurra pernas entrevadas na frustração. Semblante procura consolo, sedução igual quando vamos ao cinema em busca de ilusão. Ou ao piano bar, aliviar a falta de vibração. Logo escorregamos, derramamos na cozinha passado e presente. Sem futuro. No fogão, queimamos a alma sedenta. Derrapa, cai, suja, molha chão frio. Uma friagem que nem brasa é capaz de aquecer, desperdício, tanto tesão pra morrer tição, virar cinza, serve pra fazer sabão. Já homem resolve tentação no pasto entre bezerro e égua. Maldição, merecia prisão. Melhor apaziguar dor da excitação achando graça em Ora-pro-nóbis, brócolis, almeirão. Fantasia guardada na calcinha desorienta. Tormento. Calmaria no meio das pernas é coisa de gente que já desacreditou do amor. Amor bom é custoso, ora aborrece, aquece, muda de estação, difícil não virar arroz com feijão. A mulher de outrora cansava de sexo tudo igual. Fora do quarto, inventava. Na cozinha, desacorçoada do amor, naufragava na broa de fubá, quindim. Desentusiasmada, ia pra cama com livro de receita na cabeça, sanha e lasanha. Viver é capinar, desbastar, meu sertão é tímido, simplório. De poucas rosas, inspirações existenciais, enigmas que escapam da caneta em busca de sentido. Queria fecundar de fantasia a pequena comunidade que me cercava. Pintar o chão de cimento com as cores da emoção, compensar desilusão. Detestava vida morna, acordar cinza, embaçada, tanto faz. Ampliar o limite usando palavras abusadas, pouco acanhadas. A turma da roça esconde vergonha nas botas. Jocas e Ramiros. Sou algures, descampei em Minas onde sonhos brotam em montanhas de minério, sem magia. Fiz valer a saudade da minha terra, lugar de muito progresso, pouca imersão. Atravessei o Rio das Velhas, apeei em Cordisburgo, Guimarães me salvou.

6

Menina que cresce na vida sertaneja aprende a ler na literatura de fazendeiro: *Revista do criador, Boi gordo, Em dia com a pecuária.* Assim se toureia, no masculino, imaginário feminino. Vida masculina se molda nos currais, brota em bosta de boi, gruda em botinas. Crua, dura, seca e injusta. O boi escolhe a hora do sexo, domina, machuca a vaca. Ela berra, ele prende, trepa. Ela, prenha. Parece que copiaram, transportaram muita coisa da vida rural pra vida sexual da cidade. Junto à cachoeira, o desejo jorrava na natureza, só intensidade. Tinha medo do sexo campal, tudo visceral, sem mediação, confissão. Amor Caboclo não pensa duas vezes, logo laçado, pouco conversado. O playboy da fazenda não tá de brincadeira, mulher aceita ou apanha. O feminino entrou na disputa de narrativa, chegou sem sofrência, invadiu o curral sertanejo e, de bota e chapéu, soltou o grito: "para de insistir, chega de se iludir", cantou Marília Mendonça implorando, *Supera*! E avisou às mulheres; saibam se valorizar, não viemos ao mundo pra ser admiradas pela beleza, mas pelo que somos. E somos muito! Amor não se pressiona, surge de lugares obscuros, é de outra invernada, indecifrável, sem sabedoria, sofrida, pode endoidar. Loucura é humilhar diante de quem não te quer. Já na cidade, a coisa virou de cabeça pra baixo. Todo dia, um abuso. "Eu tinha um ódio tão grande", lembra Irene, ao relatar os abusos do padrasto que se iniciaram aos 11 anos. Logo grávida, menina era apontada como filha de mãe estuprada, nunca de pai estuprador. O trágico injusto ronda por todos os lados. Nasce Macabéia, dolorida, espanto cotidiano, vive de aspirina, despentercida. Casamento precoce é naturalizado no Brasil, sem perspectivas, as meninas casam cedo - barriga estica, criança chega, pesadelo. Crescem ouvindo "ruim com ele, pior sem ele, casar com homem mais velho pra garantir comida no prato, assim foi com minha mãe, minha avó e agora comigo", confessou Meire. Ainda há gente que tenta comparar, minimizar diferença do sofrer entre feminino, masculino. Risível. Na falta de educação sexual, televisão, facebook, todos ensinam - desconhecidos, abusadores, aulas virtuais suspeitas. Logo aprendem, praticam o que levávamos tempo.

Erotismo precoce, tesão estimulado, sexo desregulamentado - sem impor limites, privação. A garota interrompe estudos, menino adia profissão. Ninguém segura a pulsão – igual enxurrada de chuva brava. Não tem pai nem mãe, só rede social. Fica hoje, amanhã não mais. Sem controle e prevenção, furacão.

7

Mãe, quero pescar com os irmãos, vão cedo ao córrego, vou também. "Acorda, arruma casa, passa escovão no chão, primeiro, obrigação". Nascer menina depois de cinco homens é prova, praga, teste. Medir força, enfrentar porrada, maus-tratos. Como não deixar apanhar, se fazer respeitada, ouvida? Mulher que nasce na invisibilidade, levanta voz ou sucumbe. Certa noite, no jantar, a família decidia viagem, tentei participar do roteiro, não me ouviram, restou subir na cadeira, falar alto. Recurso de sobrevivência, assim aprendi gritar, dar de louca. Funcionou. Outra vez não suportei, decidi não engolir desaforo. Me joguei na cama - batia pernas, puxava cabelo, berrava. Preocuparam. Quando ameaçamos com ar de doença, respeitam, se calam. Parecia orgasmo, descarreguei raiva e tesão, adorei. Fiquei mole, logo pararam de me obrigar fazer coisas que não queria, temiam minha loucura! Era serviçal todo o tempo. Foi quando descobri "como se fazer mulher". Na marra, na tora, loucura inteligente, determinada. Nunca demonstrem fraqueza, insegurança, segurem o medo, criem couraça. Se não enfrentarmos as investidas dos touros, dominá-los pelo chifre, sempre irá nos sobrar o pior - machos, cavalos. Nunca irão nos oferecer cavalo machador, manga-larga, só trotão que ninguém quer, toco duro. Lugar de mulher é sempre na garupa da vida. Nasci do lado esquerdo. Na roça, você descobre o lado pelas conversas. Papo de boiadeiro é reto, não faz curva. É só Banco do Brasil pra lá, financiamento pra cá. O pai reclamava, o tio recomendava: "fala que a lavoura não deu, que o gado morreu e não paga". Descubro que desde aquela época já havia "bolsa boiadeiro", hoje, agronegócio. Ajuda ao fazendeiro - plantar, exportar, enricar. Empresários sabem como se safar. Hipocrisia denunciar o bolsa família como desperdício de dinheiro público. Benefício que mata fome, faz economia girar. Coisa de gente que nunca viveu agruras, sempre incomodando com os pobres, querem vê-los na vala comum. Morte seletiva, severina, a arma escolhe classe e cor. Pra enfrentar desigualdade, haverá de distribuir melhor a renda. Imposto injusto, quem mais paga é pobre, assalariado. Latifundiário sabe onde onça bebe água. Menina escuta tudo e guarda pra pensar depois. Na roça, dia de chuva é dia de descobrir segredos. Juntam todos no paiol, debulhar milho, interpretar papo, revolta, sociologia. Por que uns nascem ricos, outros pobres, uns trabalham pouco e enriquecem mais ainda, outros trabalham muito e continuam pobres? Por que a peleja da vida miúda é só da mulher? Cadeia é lugar de jagunço pé rapado, rico nem chega perto. Quem decide quem presta e quem não presta é político, juiz, promotor. Junto à televisão, dão o veredito, inventam a falação que interessa. Assim fui descobrindo estratégias de poder. Entregavam sempre casa, cozinha e quintal às mulheres, distração. A boiada e o curral, coisa de homem, lugar onde contavam dinheiro, nunca dentro de casa. Nós, na beira do fogão - tronco de escolher feijão.

8

Primeiro, ser forte, determinada, mas com nobreza na postura. Pra ganhar mundo e enfrentar cabra macho, melhor parecer homem, adquirir garra e candura. Não se verga diante dos injustos. Ironia, falam grosso e agem fino. Mulher, ação, eles, acomodação, vale a lei do menor esforço. A questão sempre surgia quando a família precisava tomar posição. Quando os pais precisaram mudar de Goiás pra Minas, já idosos, doentes, revelação. No cafundó do Brasil, recursos de saúde são escassos, melhor era morarem perto das filhas. Uma empreitada feminina, solitária, se iniciava. Filhos homens não queriam perder o pai e suas economias de vista. Vender fazenda foi um custo, alívio desenterrar dinheiro e vida sofrida. Difícil entender porque olhos masculinos não esticam dentro da casa, ficando sempre na rua. Fazenda, consultório, empresa. Quase sempre mulher que enxerga mãe doente, pai desanimado, irmã deprimida. Iniciativa que chega de quem vê além dos olhos, geralmente olhos de saia. Muita luta, dificuldades infinitas. Na mudança descobri que a dor da cumplicidade tem sexo, vagina. Homem pouco se importa pras bordas da alma onde se escondem contradição, insegurança, medo. O idoso, pernas enfraquecem, carece ser adulado. Mãos masculinas, paciência apenas ao contar dividendos. O tempo fechou, caminhão atrasou, chuva chegou e a mudança pro outro dia ficou. Tudo complicou e o feminino, no comando, encarou. Ao testemunhar a desigualdade no tratamento aos pais, reflito: Mãe, sou o filho homem que a senhora não teve. Nenhum se prestou ajudar. Trabalho e emoção, uma vida que fica, outra que se arrisca. Foi difícil pra caralho arrancar os velhos do casulo. Abandonar amigos, igreja, objetividade financeira. Convencer do cuidar respeitando o tempo, fagulhas existenciais sobre o olhar carinhoso ao passado. Vida atravessada de delicadeza, sofrimento. Hora de mirar os fragmentos que escapam da memória, momentos preciosos e pouco incentivados, coisa que homem de chapéu, maleta, terno e gravata pouco faz. A senhora pariu cinco, mas só uma fez valer a régua do bem viver. Ser macho é fácil, difícil é ser mulher. Às vezes você precisa se fazer homem para dar conta de coisas que só as mulheres sabem fazer.

9

A cultura cultua o homem como se fosse diferenciado. Cresce com ares de prevalência, merecedor de lugar especial - melhor pedaço do frango, cerveja gelada, taça preferida, sono garantido, casa cheirosa. Segue sem conhecer quase nada da vida íntima, intermitências do coração, pouco sabe proceder com emoções, estranhamentos. Só há constrangimento se tocar intimidade, sem envolvimento, para eles tudo certo. A porta da rua sempre encerrada por mãos masculinas, deixando mulher entregue ao destino restrito. Ritual macabro, saem e levam nossa confiança. Vida suspeita, mortífera, flor do mal. Temos que nos rebelar contra mundos paralelos, cenário de sofrimento ao depararmos o leito vazio, sobramos! Algo se desarticula nas relações e confirma que viver aos pares vida toda exige competência. O espaço dos homens foi marcado pelos símbolos - dinheiro, carro, armistício. Na roça ou na cidade, os códigos da liberdade masculina se revelam nos adereços - subjetividade de milênios, poucos arriscam repertórios edificantes, riqueza no imaginário. Atribuem à força, poder, brutalidade, missão de imprimir identidade, honrar sexo bem cotado. Pouco aprendeu assumir, se colocar no que faz, vive vida que não escolheu - outros traçaram. Opera desafetado, intocável, impermeável, da alma, nem um milímetro, apenas a carne dura, corpo enrijecido, penetra, goza. Sem investimento afetivo é fácil casar, separar - põe, tira, sai ileso. Muitos são escravos do desejo das que os cobiçam, não recusam - menos uma pra conferir, degustar. Crescemos tendo que nos haver com o lugar da preterida - ou aprendemos a enfrentar maldição do mundo patriarcal, ou seguiremos arrastando o chinelo da despeitada. Descubro que a estrutura machista me fez não querer ser mãe. Os homens, quando casam e separam, no geral abandonam mulher e filhos. O rabo do macho nunca é preso, julgam que, ao contribuírem com grana, paternidade cumprida! Morria de medo de engravidar, ser com filho abandonada, ritual da largada. Cuidar de criança sozinha soava vergonhoso, menos valor. Ser mãe é empurrar carrinho de bebê, enquanto homens desfilam em carrões, motos, expondo soberbos, a falta. Melhor não arriscar e as trompas ligar. Doutor, não quero engravidar, ainda é cedo pra parar de transar. Não vou acovardar, o corpo ainda tem expectativa de cama feliz, melhor radicalizar. Não quero vida de reclamar, mulher com filho reclama muito. Tia reclamava, falava que mãe, quando descansa, carrega pedra. Filho, pedra, coisa esquisita! A mãe teve oito filhos e blasfemava. Mulher de fazendeiro, carro na porta, empregada na ajuda, dispensa suprida, mas suspirava. Um dia a ela sugeri fazer greve; se eles não nos dão o que queremos, não os damos o que anseiam. Mulher feliz faz como de Adélia Prado: "minha mãe cozinhava exatamente, arroz, feijão roxinho, molho de batatinhas. Mas cantava". Insatisfação, pobreza de sensação, emoção, falta de reinvenção. Aprenda descobrir fome além do sexo, ser pouco de Scherazade, conferir sentido à aventura humana, explorar experiências com imaginação. Sermos autoras de nossas próprias peças, histeria feminina é buraco sem fim, manipulação gerando vitimização. Como construir a morada da felicidade? Eis que um anjo barroco, meio vesgo, anunciou: fora da tradição, alhures, talvez na literatura, interlúdios habitando seu interior - só posso indicar o caminho se souberes onde queres ir. Longe do tacho em que queimava as mãos, fazendo goiabada, ou se cansando ao amassar o pão amargo da solidão. Cai fora, diga que queres estudar em outra cidade, numa boa universidade, distante do roteiro traçado às mulheres do patriarcado. Vai com maestria, respondendo com sabedoria significantes tristes - ao traduzir os sinais internos, teu subterrâneo te protegerá, agarra em Freud e seus discípulos. Se os irmãos foram, você pode ir. Pra Minas fugi, a-Deus entreguei a alma desalentada, buscava estímulos. Agora é com você!

10

Em Minas é mais fácil encontrar transcendência, as curvas rompem o tédio do progresso paulista, desenvolvimento esboçado em linhas retas, autoestradas repaginadas, dinamismo emaranhado em viadutos. A ousadia nada discreta do estado mais rico do país é incapaz de deixar a irmã desprezada, envergonhada. Minas, tua autoestima foi cunhada em bateias de ouro, diamante, minério. Tua nobreza está esculpida em anjos, santos. Sacra e eterna. Tua gente simples, cabocla, demora aderir modernidade. A onda consumista, luminosa dos shoppings centers, galerias e bistrôs de Higienópolis, pouco faz sombra por aqui. No ardume de suas pimentas, o sexo frágil se reforça. Minas sacra também sabe ser profana, profanar nas artes, músicas de suas esquinas. Sem naufragar nos morros, escombros esculpidos por escravos, ainda um bom lugar pra revisitar recôncavos. Mesmo aprisionada em pepita de ferro, não abandonou vocação de primeira dama, rainha de vestido de ouro cortejada por reis portugueses. Em seus teatros, encena-se passado de sangue. Nas veias das minas, cavernas de homens negros, o pó da exploração aurífera deixou marcas. Pulmões insalubres, a tosse da madrugada alertava carnificina. Ainda hoje tentamos levantar histórias, fazer justiça. Minas se expande, são muitas, salta em queda nas montanhas, desaba em cachoeiras e se aquece nos fogões a lenha, se espalhando pelos becos, chafariz. Lugares de memória, o que foi, temos, ninguém nos tira. Igrejas nos contemplam, anjos barrocos nos atravessam conduzindo lembranças comprometedoras. Terra onde densidade melancólica, sofrimento incrustado em pedra cultiva remorso - passado morto ainda reverbera. Emite sons, escavações, histórias, devemos contemplar. Como fazer as pazes com o passado luso-tropical, abusos coloniais, ordens de exploração metropolitana? Fomos indolentes, entregamos riquezas, foi se embora o ouro, ficou o buraco negro. Ouro Preto! Em seus museus cochilam traição, sedução. Na Casa da Ópera, ensaiam a paixão de Marília de Dirceu, musa de Vila Rica que encantou seu Tomás, o Antônio Gonzaga. A pobreza tropeira é metáfora do tempo em que os escravos honravam irmandades religiosas. Foram-se Coroa, Imperador, ficaram pagãos. Os ares da revolução também chegaram aos homens do além-mar. Aqui teve Tiradentes, inconfidentes, traidores, justiceiros. O homem mineiro suporta o capitalismo por causa do frango ao molho pardo, costelinha. Impossível suportar lucidez neoliberal da sociedade de mercado, sem adentrar ruas mineiras em busca de transcendência. Serro, Mariana, Januária, todas cumprem função social. Ajudar superar exploração mercantilista, fetiche da mercadoria, mais valia. Aqui adquiri humanidade. Quando conheceu Ouro Preto, a menina do interior paulista deslumbrou, extasiou - arquitetura e arte esbanjando história, exibindo montanhas de riquezas. Imagens buscando pontos entre Portugal e África. Anjos barrocos anunciando a hora do terço. Cultura nas igrejas, ninguém fica sem Deus. Minas retumbou, pagou os pecados, incomodou, tocou fundo, estranhamento. Regurgitou desejo profundo de vasculhar antepassados. O encontro com o belo, exótico, exagerado e escandaloso, desconcertou, enfeitiçou. Legitimou o desejo de escavar, fuçar ancestrais, preciosidades abafadas. Epifania declarada fixou no imaginário vocação de historiadora. Profecia cumprida, revelação. Minas é filha desprezada, injustiçada, difamada como Estado atrasado. A beleza barroca nos impõe descidas abissais, histórias escravocratas, pelourinhos onde negros abandonavam almas machucadas. Depositavam o último suspiro, sofrimento, injustiça. Diante de passado de tamanha magnitude, Olimpo dos desapropriados, herdeiros de coroas africanas, que me fiz socialista, marxista, feminista. Desastre. Aos olhos e expectativa da família paulista, quando filhas bem-nascidas deveriam cumprir trajetória cristã e financeira, subir ao altar com rapaz de futuro promissor, eu me tornava inconveniente, causa perdida. Podia até casar, mas a sina já havia se realizado, o estrago já havia consumado. Vai ser gauche, se casar, separa! Mulher, quando estica os olhos sobre o mundo dos livros, dá salto à civilização. Rompe amarras, desvenda segredos patriarcais, religiosos. Desconfia da bíblia, padre e marido, abandona tudo, casamento e futuro. Lança-se no destempero, difícil enjaular, convencer outros valores quando causada em afinidades. Pedregulhos, torrões de minério, pouca vegetação. O cenário interno de falta e escassez foi suficiente em proporcionar-me vida interior. Orgasmo no corpo, celebração no peito, cantoria dentro. Festa no âmago, alegria de se sentir Uma. Metáfora de principado o encontro do eu com isso. A menina sertaneja descobriu seu ninho, nele tentou se apaziguar. Encarnou a paulista desvairada, expressão exata da política café com leite, arrojo e intensidade. Grande feito. Chegou de cavalo preto, soberbo. Diante do mestre Aleijadinho, os profetas a condecoraram. Filiação abençoada.

11

Minas, como todo o resto do Brasil, ainda nega direitos aos negros, contingente histórico de negativos sociais. O projeto neoliberal em Minas é sutilmente disfarçado no charme caseiro. Os atavismos familiares exalam boas intenções. A mesa farta do mineiro esconde desigualdade, racismo dissimulado. A caipirinha suaviza, o tutu à mineira ilude e nos enchem de vergonha. História viva do

Brasil, orgulho bastardo. O começo de tudo que ficou, de bom e ruim. Fracasso da função paterna, o pai que não fez cumprir a ordem simbólica da castração - lembramos que a castração é operadora do sujeito. Pai permissivo, contraventor, abusado. Estuprador de índias, africanas. O colono, ao não deparar com o interdito paterno capaz de regulamentar o apetite pelo gozo, estabelecer orientação social que lhe outorgasse cidadania, cresceu com a herança de avacalhados. Alma de vira-lata, lugar idílico, próprio pra pecar. Cheira lascívia, lubricidade. Muitos partem de longe, atravessam oceanos para aqui, paraíso sexual do mundo, desovar, aliviar a porra reprimida. Gozar sem limites, pouca interdição, filhos de pais gananciosos, aventureiros. Até quando seremos terra de ninguém, o porto seguro dos que buscam prazer fácil, mulatas gostosas, riquezas infinitas? Nossa história ressalta ausência de leis, barrar avidez aos abusos tirânicos. Filho abandonado, rejeitado, fruto da relação de interesse do português com a índia, amor geográfico. Aproximar, dominar território - modernidade que nos condena e nos eterniza no ressentimento, sintoma nada edificante. Marcas que imprimem sensação de inferioridade, anatomia da humilhação. A autoestima em frangalhos gruda na alma, dificulta romper, desfazer traços internalizados. Gozamos com a condição de nação ludibriada, subtraída. O Brasil é mulher fácil, dá pra qualquer um, não se dá valor. O desejo de chutar o balde, compensar miséria humana é parte de nossa fundação, nos disponibiliza à corrupção. Contravenção. A trajetória de humilhado começa no cassetete da polícia e termina na prisão. Ou cemitério. O gozo do carrasco é sadomasoquista. Há algo de erótico na maldade, pulsão de morte. Transferência de ódio, inveja, política de compensação. Todos em busca de repor sentimento de lesado, levando alguma vantagem. Enquanto não fizermos as pazes com o passado de violência, usurpação, o circuito da vingança prosseguirá. O filho pagão apresentará conta ao pai - Estado omisso, ausente. Seja depredando espaço público, roubando bugigangas do erário, ou se envolvendo em negociatas, propinas e maracutaias. Sensação de recompensa, compensar o que nos roubaram, lesaram. Paternidade bastarda aponta necessidade de lavar a honra. Ao participar da festa, cumpre-se a desforra, minimiza o sentimento de explorado. A farra que faz da política palco de perversos, disputas obscenas, encontra explicação no projeto de acumulação colonial - das sesmarias à alforria tardia aos escravos. Desfaçatez criminosa quando se usa o espaço público como se fosse privado. Latrina de nação sem amor próprio, compaixão. Não aprendemos a nos amar, aos olhos do estrangeiro, somos o país que não quer dar certo. A convivência com atos promíscuos de alguns governantes é fonte de retaliação. Desejo de catarse, diminuir o desamparo e assumir nosso lugar de fala. Somos a tragédia que anunciaram antes de partirem. Brasil, nome de madeira, objeto cobiçado. A corrupção é efeito, revolta metaforizando a atuação do filho contra o pai perverso. Forma equivocada de nos livrarmos da sina de injustiçados, burlados. Ao nos disponibilizar a atos maledicentes, buscamos complacência. Crime e perdão. Meu filho, vai se curar, tua dor te condena. A empreitada que nos aguarda, caso queiramos existir de um outro lugar, deve passar por análise profunda. Função paterna e criminalidade, eis a pegada que devemos trilhar. Vasculhar o inconsciente que fundou nação masoquista e que opera sob pulsão de morte. Mudar de cultura, refazer valores, abandonar posição de vítima desamada, traída. Corpos atravessados por afetos como armas, artilharia de guerra. Se o desejo vem do desejo de um grande outro, um outro poderoso (realezas, impérios), está mais que na hora de recusarmos a maldição. Refazer nosso romance familiar, reescrever a história - do rebotalho ao benfeitor. Fazer do Brasil lugar próprio, probo, revendo identidade, subjetividade. Reivindicar respeito e ética nas relações afetivas, comerciais, é reivindicar poder. Autonomia, soberania, reconhecer nosso lugar no mundo. Reestruturar projetos, reafirmar propósitos. Implicar nossa gente trapaceada, viciada no ideal de nação periférica. Reconstruir território morto, garantir castigo justo aos que infringirem leis, distinto de porões, baratas, escorpiões. Estado omisso, genocida, eterna Operação Camanducaia, não oferece oportunidade – condena, maltrata, expõe os infratores à verdadeiras latrinas. Banalizamos o mal ao jogarmos na rua injustiça social, corpos dóceis dormindo sobre irresponsabilidade política. Somos o país das curuminhas; "salpicamos no chão, mil cacos de vidro, te recolher pra sempre à escuridão do ventre de onde não deverias nunca ter saído". Em *Uma canção desnaturada*, Chico desmistifica o mito do amor materno. Juntos, devemos desmistificar o mito do país que não presta. Passou da hora de abandonar condição de mendicância, mais intransigência e determinação. Chega de modéstia, urge assumirmos nosso poderio de país abençoado, temos sol, petróleo, nióbio. Exigir que o mundo fale a nossa língua. A fala do Brasil deve se impor ao Brasil falado, negligenciado, abusado. Antes de ser econômica, nossa questão é psíquica. Perpetuamos na repetição, sintoma neurótico. A neurose é burra, precisa ser tratada, investigada. Política e psicanálise andam juntas. Falta se apaixonarem.

12

E a mulher, esse ser que busca paixão, como é o amor no feminino? Que buraco é esse que não cessa de clamar, berrar? Falta inquietante em ebulição. Se queres sossegar, serenar indignação, não mais se queimar na frustração ressentida, despeitada, deves abrir o baú da cultura, pedir ajuda à psicossociologia e investigar as pegadas do entulho misógino. Sem isso, continuaremos ocupando lugar de rebotalho, objeto de descarte sem direito a reciclagem. Seria a loucura sintoma feminino? Preteridas por outras e sem aviso prévio, sem a prática em elaborar sentimentos de desamparo, muitas passam ao ato. Corpo pulsional, passional em fúria. Eles, apelação - ato de encerrar o jogo antes de terminar a partida, finaliza pra não perder. Evita confronto, conflito, diante da ameaça, narcisismo inflamado, ríspido, ensaia desculpas descabidas, desfaçatez, muleta dos covardes. Sem mudança de posição diante do que nos bole por dentro, seremos sempre assombrados pelo fantasma da disputa, medo de enfrentar fracassos. Elaborar perdas é dor, pele viva. O jogo da comparação, perdição, putrefação. A mulher envelhecida logo é substituída pela nova, bonita, atraente. Até a matemática joga no time deles, muitas para poucos. A beleza na mulher sempre foi valor primeiro. Nos prendem numa multidão de significantes negativos: descontrolada, desequilibrada, espevitada, preguiçosa. Carregamos no corpo a ausência com a qual teremos que nos haver ao longo da vida. Sexualidade feminina é véu a ser desvendado. Enigma que inspirou músicas, enredos. Muitas são Beatrizes; "que não sabe se é moça, triste, louça, bailarina ou loucura". Chico Buarque, Freud, Simone de Beauvoir e outros debruçaram sobre o território obscuro. Esforçaram ao ilustrar o feminino em sua plenitude e complexidade. Somos muitas, diversificadas, cheias de curvas. Orifício onde se esconde a origem do mundo. Sem nós não haveriam cientista, dentista, pedreiro. Falta ontológica que nos funda, na verdade, nossa salvação, força que nos move, faz revirar mundo em busca do falo, o significante do desejo ao encontro do poder. Poder em ser úteis, governar, gerir, intervir. Muita confusão se fez e ainda fazem em torno da teoria que tenta explicar orientação sexual, construção de gêneros, metáforas de ordem simbólica. No imaginário feminino, registrou-se que somos faltosas. No fundo, na linguagem psicanalítica, não se trata de um órgão, nem à menina, tampouco ao menino. Todos e todas devem vivenciar o processo de subjetivação dos sexos. Seja menina ou menino, ser homem ou mulher não se trata de anatomia. A sexuação se realiza no contexto da relação com o outro materno, amor primordial. Primeiro contato, os seios entram no registro como lugar de prazer. Ali começa, na linguagem e no contato com o corpo, a sexualidade do sujeito. Primeiro ato de amor. Marcas desse encontro e outras vivências, amores edípicos e identificações atuarão no corpo e definirão ordenamentos sexuais. Escolhas construídas no processo de formação da sexualidade. Amor perseguido, porém, nunca encontrado ou reeditado da mesma forma e intensidade. Pro resto da vida, estaremos submetidos a essa fantasia delirante. Contudo, na menina a ausência do significante fálico é registrada como incompletude. Falta um pedaço. O que ajuda explicar por que somos tão desejosas de amor - qual a dimensão dessa falta sentida no corpo feminino, e o que ela representa na vida da mulher? Como a ausência do pênis foi subjetivado na menina? Ele tem e eu não tenho. Diferenças que vão pro inconsciente e provocam estragos quando não elaborados, resultando insatisfação, sofrimento, submissão - sentimento de incompleta, faltosa. Ou formação reativa, produzindo mulheres fálicas em demasia, autoritárias - tamponam a suposta ausência reagindo ao contrário. Já o masculino internaliza que, por portar o significante fálico, julga-se o escolhido por Deus. Privilegiado, de cima da suposta supremacia masculina, opera com ares de soberano, convencido em possuir mais poder que ela. Engano amargo. Eis, grosso modo, o processo de formação da subjetivação dos sexos, como articulam e como sofremos as consequências. Não sem dor, percalços. Muito das separações, conflitos entre casais, sejam heteros ou do mesmo sexo, resultam de questões que fogem à compreensão objetiva - são de ordem simbólica e compõem o baú fantasioso, subjetivo. Quando interpretadas, decifradas, poderiam restaurar a convivência, caso essa valesse a pena. Contudo, cada qual deveria se colocar em análise. O apelo é pela manutenção dos afetos, quando nos são queridos, caros.

13

Ao retomar a reflexão sobre relações amorosas, é importante reforçar que fomos marcadas pelo fantasma da falta, elemento fundante da sexualidade feminina que atua no centro dos sintomas. Cratera que revira o mundo de cabeça pra baixo. É ela que coloca a mulher na posição diferente ao homem, no amor. O amor na vida da mulher entra com a função de suplência. Suprir, tamponar a incompletude, esse argumento falso que nos impuseram, mas que logo desmistificamos. Viver no feminino é desfazer mitos, brigar com convenções, falácias culturais - há muito mais mulher "homem" no mundo que o machão supõe – em todo feminino há algo do masculino e vice-versa. Somos um poço infinito de determinação, obstinação sensível na conquista do falo, símbolo latejante de desejo. Para conquistar poder, há de se desejá-lo. Poder, força estonteante de alguém que luta e conquista o direito de realizar sonhos. Construir condições materiais, objetivas ao vivenciar projetos idealizados. Poucos homens conseguem superar a garra feminina diante de um propósito.Vai Maria, levanta cedo, suja, lava, marmita, trabalho. Volta, casa, filhos. Ainda programa férias, viaja. As agências de turismo não faliram ainda por conta do falo feminino. Furor aterrorizante, doçura de ferro diante da indolência masculina. Mulher é a correspondente da peste no mundo, a peste metaforizando incômodo, tal qual a psicanálise. Dizem que em viagem aos Estados Unidos, ao avistarem o porto, ainda no navio, Carl Jung e Freud comentaram: "mal sabem eles que estamos lhes trazendo a peste". Folclore ou não, importa o simbólico do recado. A peste como significante de implicação, lugar de investigação dos sintomas, algo que desconcerta e nos joga em desconforto. Desequilibra, faz refletir - sem ela vivemos no escuro. A maioria das mulheres amam o amor e fazem dele o lugar da boa peste. Fuça fundo, mexe, remexe. O amor bate na aorta, escorrega, fantasia, rasga vestido, derrama expectativa, suja de emoção e deixa os homens tremendo de medo - medo da intimidade, da entrega. Todo amor é um grande tremor, convulsão. Contudo, poucos arredam pé da covardia moral, fechados, se eternizam na superficialidade. A superfície é onde muitos amores são enterrados. O que subjaz a esse outro sexo? Sem sua mediação, não teremos acesso ao mundo que povoa a virilidade. Eis o motivo por que perseguimos o amor. Gostamos da ilusão de um dia encontrá-lo e, num diálogo, detê-lo. Nosso defeito está em gostar de adentrar cavernas, desvelar vultos, passado icônico. Cansadas de sermos assombradas pela iminência do abandono, nos tornamos detetives sem contrato. O que queres de mim? Uma boa forma de amar é trabalhando contradições, ambivalências que cercam a parceria. Nelas cabem as ilusões que vão se refazendo durante a trajetória - momento em que o amante se reveste de nosso ideal e passa a fazer parte do sonho, pedaço de nós que delira. O que buscamos, projetamos. Quanto mais fantasia colocamos no colo do amado, mais o amamos. Um bom lugar pra tentar esquecer a loucura do mundo, concretude doméstica. Mas logo, bem provável, surgem ruídos na linha. Desvendamos mentiras que, soterradas, entorpecem. Peças que não se encaixam, elo com o vazio - eles não querem nosso perdão, mas seguir lacrados. Nos vemos na noite, sozinhas, nuas de prazer, solidão na cama transfigurada. Tesão contido, amor coagulado. Fera amortecida no Whisky, evita tarja preta! Seja verdade ou não, do amor poucas escapam, mesmo que estatísticas nos prometam feridas e dores, é por meio dele que somos nomeadas, justificadas no mais profundo do feminino. A série *Cenas de um casamento*, de Ingmar Bergman, escancara as vísceras da alma feminina diante do abandono afetivo, quanto o monstro do amor nos dilacera, pujança estonteante, dor plasmada, gritos, sussurros. Talvez Bergman seja o diretor que melhor explorou os tropeços da vida amorosa, nada linear, cheio de engasgos, não é novena que se reza igual todo dia, eterna ambivalência, mar revolto que, ao surfar, exige sabedoria.

14

No filme *Os melhores anos de nossas vidas, 50 anos após*, Claude Lellouche retoma a trama de seu primeiro "Um homem e uma mulher" e nos arrebata de beleza. O encontro dos dois, já idosos, resgata o fio que ainda une dois corpos que um dia se encantaram. A saudade melancólica explode na tela refazendo momentos de grande sensualidade - nos levando a rastejar de emoção e prazer. A condição de apaixonados insiste, tragédia o desejo que não desiste em ser revivido até o último minuto, suspiro de vida. Talvez o melhor do recordar esteja na intensidade da delicadeza, sutilezas sentidas, fazer perdurar o imperdurável, imperdoável. Na marra, na velhice e na bacia da vida, reviver, tentar se banhar do que de mais intenso e profundo ressoa dentro, com a certeza de que, mesmo sendo o tempo do amor finito e raro, é fonte pujante de êxtase, sonho obstinado, mal adorado. Diante de sentimento de tamanha exuberância, merecemos ser perdoados do crime que cometemos ao deixá-lo escapulir. Saí do cinema claudicando, seguir toada depois de jorro sensual de arte, impiedoso, que dureza! Vivemos a tendência dos amores frívolos, transitórios, nada fica, perdura. A lembrança é registrada na imagem do celular, mas a máquina não imprime emoções, o tempo é de produção, encontros pragmáticos, nada de sentimentos torrenciais. Tudo se desmancha nas nuvens, diferente do amor que, ao recordar, revisitar no cinema, deslumbramos. Protagonistas do prazer que se eternizou na memória afetiva - quase desmaiamos quando ouvimos novamente a canção que embalou os amantes de ontem, e de agora. Lugares a serem reverenciados, não para sofrermos, mas para acreditarmos que há algo que ainda escapa, sobrevive às efemeridades das relações banais. Não há mais o tempo da contemplação, do degustar o outro com o olhar - o devaneio requer pausa. No amor imediato, ou acerta logo ou desiste, não há interlocução entre conflitos, desacordos, medos. Muitas oportunidades de se viver uma grande história de amor se perdem na pressa de se atingir, rápido, o paraíso. Hoje brincam com a ideia de amor, mas o que temos é confusão entre extasiar com a plenitude do sexo, e viver experiências de orgasmos mecânicos, remotos, impermeáveis. Muito ruído, imagens, corpos bordejando em torno da insatisfação. Esse tempo de amar é bem diferente de 50 anos atrás, mas temos todo direito de registrar cenário de um amor primoroso que desabou erotismo, seduziu e marcou a geração de românticos. Aos que se candidatarem vivenciar momentos de intensa densidade amorosa, recomendo. O filme se empenha na construção morosa do afeto, reeditando nos corações saudosistas, fragmentos que nos tornaram amantes da emoção que explode, rompe roteiro, sai da tela, transborda - verdadeiro elogio ao amor.

15

O trágico no feminino foi tematizado de diversas formas pela dramaturgia. No teatro, óperas, musicais. Sempre o chicote se orientando à mulher que trai, abandona o lar - família, filhos, marido. Se paixão é fervura difícil de controlar, convencionou-se que aos homens é algo natural, podem pecar à vontade, a vida lhes oferece salvo conduto. Tanto estão livres pra vingar a perda da amada, como pra abandoná-la. Diante de paixão indevida que chega, arromba, invade e sangra, haveremos de controlar, não deixar tesão fora do lugar. Quando sentimos desejo em viver outras experiências amorosas, sofremos. Poucas assumem. O desequilíbrio na forma de encarar o compromisso afetivo nos fez despreparadas. Um caminhão de culpa. Acostumamos com a pecha de traída, excluída, mas não de desejante. Recusamos - quase sempre, pecado mortal sentir calafrios fora do circuito familiar, melhor sufocá-los na mala da cultura misógina. Diante do lugar da rejeitada, tapeada, sempre nos ofereceram consolo, "logo passa". Em algum escaninho interno, escondemos convicção de que nosso dia chegará. Mulher é antena, caminha em estado de alerta. Sabe que algo irá disparar, apito amigo. Maldição feminina não encarar o amor como lugar de instabilidade, intermitência. Dizem que ciúmes é dor dos fracos. Nada doentio, mas é foda o incômodo quando invadem nosso casulo, pesadelo. Sofrimento antipático, difícil ser domesticado, imponderável. Impossível fingir que não derretemos de dor quando o parceiro vive anseios paralelos, se entrega às urgências, apelos do comando de baixo. Melhor ficar só, aprender a lidar com a incompletude, não alimentar mágoas, nada de erotizar dor. Sêmen compartilhado é coisa de doido, doído, democracia que poucos toleram. Mulher, quando resolve fazer igual, não conta com perdão, somos julgadas em outra fita métrica, escala fálica, assim nos inscreveram na cultura. Esta *Carmen*, da ópera de Bizet, não foi poupada, mas condenada por desejar outro homem. Mulher não pode titubear, sentimento amoroso é paradoxal, água impura que espalha, inunda. Carmen metaforiza a insatisfação feminina. Dúvida. Grande confusão que cerca a vida das histéricas (no bom sentido). Se tu não me amas e eu ainda te amar, tomas cuidado. A recusa da mulher ao homem que ainda a ama pode custar caro. Carmen é aviso às mulheres que vacilam sobre o amor e acabam sendo, por ele, destruídas, mutiladas. Lugar da mulher na sociedade machista, quando não esconde ansiedade desenfreada por outro, é pesadelo. Temos que ser bailarinas no amor, saber ouvir a música, prestar atenção nos acordes, antes de ensaiar os primeiros passos. Sem contornarmos o desejo, ele fica suspenso, devemos decifrar os enigmas do amor a despeito de submergirmos. Ao desdenhar do amor de José, Carmen se oferece à morte. Como tornar amor promessa que se cumpre? O tema ilustrou poemas, tragédias gregas. *Medéia*, de Eurípedes, é a disposição feminina ao fazer valer o amor, levando-o às últimas consequências e dele se vingando. Revela transbordamento, força da paixão, ressentimento, traição. A abandonada que resolve não desculpar o ex-marido (Jasão) matando os próprios filhos, alucina de dor diante do descaso do companheiro pelo seu amor - quando desdenha da entrega, ferindo-a em sua dignidade. Somos movidas pelo *pathos*, paixão que adoece, faz o corpo evaporar tristeza. Às vezes, diante da recusa do amor, somos pouco de Medéia, manipulamos, murchas, flor no deserto. Contudo, lugar comum eles usarem de agressão ao não admitirem ser preteridos. Chega de Jasão - nos dilaceram, queimam, ferro em brasa. Eis o paradoxo, amor e violência, tudo incerto. Certo?

16

O homem de ontem pouco mudou, a maioria quer alguém pra dele cuidar. O machismo é sintoma, faz eco à mãe que protege o filho em excesso, fenômeno já comprovado. Freud confirmou ser o maior amor do mundo dedicado a uma pessoa - o da mãe ao filho homem. Toda mulher sabe do que estou falando, não é sogra? Identificada e vivenciada por muitas a prerrogativa ao masculino, poucas as mulheres que não sofreram ataques machistas da mãe do fofo. Histórias de muitas namoradas, esposas que experimentam, no dia a dia, o drama da profecia edípica. Tema que inspirou músicas, filmes. Adoniran Barbosa, no *Trem das onze*, confirma: "não posso ficar nem mais um minuto com você... Se eu perder esse trem... Minha mãe não dorme enquanto eu não chegar". Mãe que gruda em filho, filho que acaba gostando de ser grudado pela mãe. A verdade ajuda a estruturar a ficção. A arte serve para nos orientar nesse sentido, referências que guiam. E a mulher, onde entra quando eles não elaboram a questão? Fica na janela, porta dos fundos, dificilmente é posta no lugar de companheira, parceira no amor sem provocar ruídos, incômodos às que se julgam donas do cavalheiro. A dicotomia entre a santa e a puta minou o gozo. Mulher quer elogio próprio, amor fundante que se manifesta e ressoa de várias formas. O que quer uma mulher senão ser reconhecida, respeitada? Educadora dos afetos, cabe a nós ensinar a amar? Como ilustrou o psiquiatra José Ângelo Gaiarsa, defensor da intensidade no amor, combativo das relações autoritárias dos tempos idos: "se a mulher quer ter um homem, deve pegar o menos pior e educá-lo". Parece exagero, destino cruel. Mesmo diante de cenário marcado por diferenças, não desistimos do amor - somos as maiores responsáveis pela manutenção dos encontros amorosos entre os sexos. Se o homem foi mimado pela mãe, se cresceu infantilizado na omissão, enfrentamos batalhas. Talvez hoje menos, poucas estão dispostas a dar duro apenas pra manter relação meia boca. A cultura da cumplicidade, companheirismo, começa a entrar na moda, mais que na hora dele se responsabilizar pelas derrapadas da vida afetiva. Enquanto muitas se desdobram, é comum eles se portarem com o freio de mão puxado. Não há implicação. Questionados, apelam; Mamãe fiz merda, me socorre! Aliás, grande parte da vida se consome em atos insanos, somos treinados em produzir problemas e depois comprar solução. Educamos mal, depois imploramos ao especialista a salvação do filho. É mais fácil abrir mão da felicidade, que dela se empenhar, como é mais fácil cuidar da doença, que da saúde. Algo esbarra no masoquismo, nosso maior inimigo portamos dentro de nós. Insegurança nos posicionamentos, competição, disputa, orgulho torpe que corrói e deflagra dificuldade em lidar com os fracassos. Resistimos mudar de posição diante dos sintomas. Somos ambíguos, amor e ódio, corpo erótico esparrama, contamina biológico, provoca sofrimento - gostamos de minimizar nossa participação quando tudo sucumbe, na vida e no amor. Melhor mudar de tática, não é estratégia sermos permissivos, indolentes quando o amor segue à deriva. A vida oferece recursos a todos que sentem, na carne, a dor da covardia por não sustentar o desejo. Reza a boa ética nos haver com as frustrações, investigar o que impede de avançar nas trocas amorosas, existenciais. Felicidade é percurso longo, caçada interna, vasculhar entulhos, pegadas, perseguir nascentes, suportar o triste - terreno limpo exige capina constante. Se quisermos falar com Deus, temos "que folgar os nós dos desejos, dos receios, tenho que comer o pão que o diabo amassou, tenho que lamber o chão". Gilberto Gil cantou a tragédia do homem moderno, o desamparado em busca do paraíso que evita desvendar bueiros - fedor do ralo que nos faz medonhos. A plástica na alma é que garante o encontro com a profundeza da vida. Poucos homens deitam no divã dispostos a desatar nós - faxina psíquica. Sempre as mulheres lotando os consultórios de psicanálise, propondo se haver com a complexidade, incompletude da condição humana. Impomo-nos desafios, assombros - atravessamos desertos. O momento é de recusa ao intolerável, burrice esperar mudança de quem não revisita subterrâneos, recicla porões. Não devemos nos acostumar com o odor de nossas putrefações. A prática social de repensar os sintomas ainda é do feminino, não é por outro motivo que quase sempre são as mulheres que, depois de tanto lutar, desconsoladas, jogam o manto da desistência. Ainda assim, a paixão feminina é o amor, busca quase eterna - lançamos redes, anzóis, mas a colheita, amarga, desestimulante. A separação aponta onde fracassamos - incapacidade de conversar, versar sobre, desvelar o oculto, reprimido. Enquanto os parceiros não se colocarem em questão, não se implicarem nas posturas descabidas, pouco resolvem teorias, fugas místicas, terapias de cristais, aromas, consulta aos astros. Gostamos de adular incômodos nos oferecendo objetos, aditivos narcísicos, medicamentos - doces pílulas. Antes de recorrermos às drogas, veneninhos prescritos com muita sanha, melhor implicarmos no que nos bloqueiam, nos responsabilizando pelo processo de "cura". É mais fácil reclamar do sofrimento que partir rumo à produção da felicidade. Não se iluda, medicamento algum alcança inconsciente, não vasculha causa, apenas estende o tapete para repousar alma em desalinho. O lugar da vítima é confortável - tamponar, fugir do tigre que urra dentro. Pra tocarmos o céu do sexo divino, viver apoteoses na cama ou fora dela, há de se raspar o solo. Habitar entranhas, deixar desabar verdades, lugar sedutor. O tesão advém da potência do sentir simbolizado na força da palavra.

Senão, resta-nos consolar com existência branda, desbotada, gozar entre frestas. Mulher sozinha e desacreditada de parceria fecunda já se tornou lugar comum. Ajuda aí, companheiro!

17

A menina cresce sendo vigiada, controlada. A biopolítica do poder é maior em cima da mulher, esse ser que precisa ser espionado. O medo dos homens atravessa o corpo feminino, medo dela descobrir as fontes de prazer que seu corpo proporciona. Mulher foi educada pra garantir gozo ao macho, a que aprendeu a gostar, extasiar, é perigo, bomba atômica, descumpre pacto histórico. A misoginia cristã se estruturou na cultura da inquisição, condenação. Hoje a mídia espetaculariza a violência e a dor, resquício medieval, tempo de trevas. Há homem que ainda goza com modelo familiar na cabeça, sexo reto, sem perambular, flanar corpo feminino. No sertão paulista, muitos ostentam na festa do peão, culhões, boiadeiros campeões em laçar morenas, estupor disfarçado nos rodeiam - usar da força, poder pra investidas sexuais. Gostamos de amor enamorado, demorado, mãos de leveza descobrindo moradas secretas, delírios. Alguns temem se perder na mistura do sexo com afeto. O obsessivo goza com a ordem, não gosta de trocar de lugar, posição diante do amor e da vida. Quem tem que mudar é sempre o outro, a outra. Estrutura patriarcal e misógina impede o afeto deslizar. Uma pedra no imaginário social que interviu, mudou o rumo da vida de muitas mulheres. Sou filha do machismo radical, macho mesmo. Cresci ouvindo que mulher não tem direito à herança, fazendas devem ser divididas apenas entre filhos homens. Quase acreditei no absurdo, como se desigualdade, exclusão, fossem coisa de Deus, absoluta, imutável. Acredito ter sido isso que me afastou da igreja, fiquei mal com a santidade. Essa turma não gosta de mulher, a gente reza e nenhum alívio chega às bandas femininas. Nas reuniões de negócios, ao decidirem o patrimônio familiar, nunca era convidada. Sempre na cozinha preparando o repasto. Eles, trancados no quarto decidindo dinheiro, futuro, direitos. Só adentrava pra avisar que a mesa estava posta. Desaforo, o baú do patriarcado precisa ser revirado todo dia, toda hora. As duas pontas do novelo precisam se encontrar, sem conexão, impossível desconstruir histórias escabrosas. Devemos convidá-los ao debate, empurrá-los, só o tempo pra provocar mudança no imaginário estruturado como dogma. Nada de reuniões a portas fechadas, é hora de dividir responsabilidade, a batata deve ser assada a quatro mãos. Mulher foi formatada pra julgar natural ser desqualificada, desprezada - na fama, faca e bala. Só há machismo por que há mulher que aceita, submete e não conflita, tampouco denuncia. Sandra, o que o maridão te deu de aniversário? "Acredita que sequer lembrou". Umas até ensinam, incentivam estupidez contra outra mulher. Não é sina, tampouco destino, mas história que começou com assujeitamento, medo de rompimento, de se ver jogada à própria sorte. "Você não pode se separar, vai ficar pobre, arrepender", retumbou irmão. Pouco importa o que trazemos dentro, acalentado noites em claro - maioria enxerga apenas corpo bem remunerado, mesmo desalmado, desamado. Algumas, contaminadas pela ilusão de proteção, fixadas na miséria afetiva de cada dia, submetem. Na tradição, opressão ou covardia, muita violência pra pouca alegria. Logo decidi, melhor ser mulher de um homem só, um de cada vez - lealdade e desejo contemplados, maravilha! Aprendi a gostar de fazer sexo só quando rolasse amor, mulher que não negocia buceta, come o pão da solidão. Não se desespere não, logo aprendemos suavizá-la.

18

Questão no campo da psicopolítica urge ser desconstruída. O inconsciente é político, orienta pensamentos, sentimentos, desejos. O psicopoder atua na linguagem com objetivo de controlar, nos manter subjugadas às práticas sociais de dominação. Agimos como se fossemos orientadas por escolhas, quando são efeitos, estratégias de poder. Meios de disseminação, visão de mundo permeada por interesses de classe, gênero. O racismo, machismo, são plantados na vida do sujeito, torna-se parte integrante de seu dia a dia. Penetra no raciocínio como se fosse algo natural - casaco que vestimos, incorporamos. Dispositivos de opressão poderosos que nos arrastam à psicanálise. A maioria das queixas femininas nos consultórios de clínica psicanalítica é desigualdade entre gêneros. A importância em questionar e debater a sexualidade feminina, masculina e derivações, urge. Freud, Lacan e outros são partidários que é assunto pra cachorro grande. Não tenham ilusões, sempre iremos, em algum ponto, fracassarmos. Melhor elaborar que sair atirando pra todos lados. Quem debruça sobre os mistérios da sexualidade sofre menos, transa e vive melhor. Viver comprometido, implicado na ética e responsabilidade, nos tornam menos sacanas com o outro. Mais justos, menos levianos diante da pujança amorosa. Não são as mulheres que invejam o pênis, mas os homens que morrem de medo da vagina furiosa, determinada quando alçada ao desrespeito, desqualificada. Suportamos ser rejeitadas, mas exigimos consideração, cuidado na despedida. Não se afronta o falo feminino sem justa causa. Caso ela se sinta desqualificada, atingida em sua dignidade, muito berro, revolta, reparação justa. Guardamos dentro do sexo e alma o correspondente do poder, o falo circula, não é patrimônio masculino. Imaturidade dos homens incitar competição, operar na infantilização, enfraquecendo correlação de forças. Eles, ao fixarem em lugar obscuro, cutucam a onça com vara curta. O pau do orgulho pode tornar-se pequeno diante da ferida narcísica. Na disputa, esquecem que não pensamos só com a buceta humilhada. Rita Lee confessa desagrado, denuncia o estereótipo da desvalorizada, objeto cobiçado: "nem toda feiticeira é corcunda, nem toda brasileira é bunda". No masculino, o triunfo está, quase sempre, no externo - carrão, ostentação. O homem cumpre a profecia, é treinado ao poder - prefeito, presidente. Poucos pais projetam filho bailarino, professor de filosofia, diretor de teatro. O deslocamento da sexualização aponta desidealização, desromantização dos papéis. A mulher de hoje segue a pegada feminista de Rita Lee, "só quem já morreu na fogueira sabe o que é ser carvão". O mito do sexo primeiro escalão vem sendo desconstruído. A história se impõe por meio de relatos vivos, lugar de fala se reescrevendo com força das feministas, contrapondo às narrativas estruturadas na branquitude machista. A cientista Marie Curie bagunçou, desmistificou o lugar do feminino como de menor inteligência. Descobriu radioatividade, propiciou a cura do câncer. Já a bomba atômica, depositou na conta da disputa viril, fantasia fálica de poder entre países. Guerra, metáfora de virilidade entre nações, nesse particular, a psicanálise aponta perigo na disputa doentia ao envolver geopolítica mundial. Ressentimentos que ultrapassam fronteiras, oceanos, desembocando em vingança. Hitler quis acertar as contas com o Tratado de Versalhes, não aceitou a derrota, julgou desaforo. Diante de uma Alemanha humilhada, punida, amargando perda de território, lançou o veneno. Melhor ter destilado o ódio em um divã, teria poupado milhões de mortes, destruições. Vingar, ato lesivo de compensar perdas. Quem nunca se sentiu humilhado, diminuído? O sujeito envergonhado, ao sofrer reprovação do outro, o coloca no lugar de inimigo. Ao tentar resolver, lança campanhas de difamação, guerra narcísica - um pouco de humildade ajudaria. Vaidade bélica, forma perversa de sanar o sentimento de perdedor. Política é a arte de criar bodes expiatórios, justificar atos insanos, crimes, genocídios. No Brasil atual, ano de 2021, justificam várias mortes com a arma do ódio ao racismo, homofobia, banalizando estupidez, afeição à barbárie. Fascismo, capitalização cínica de apoio em nome de Deus, fé obscena de olho no lucro. Muitas igrejas neopentecostais operam mais como agências bancárias. Exploração pecaminosa de cenas, espetáculos que confundem fiéis ingênuos em cultos satânicos, alienados do jogo corrosivo do poder. Disfarçado em performances sórdidas, encenação preconceituosa, há a determinação perversa justificando o injustificável, explorando, impondo conservadorismo como forma de instaurar civilidade entre a população. O elo se realiza também nos afetos negativos. O ódio faz laço social. "Não te estupro porque você é feia". O assombro desabou em nosso berço esplêndido, raiando estupor de macho infeliz às margens plácidas. Pátria amada, queremos você desarmada, sua gente cansou de adular psicopatas, viver no *front*!

19

Cada qual alcança a mudança que suporta, dá conta de levar adiante. Se não forçarmos um pouco, nada sai do lugar. Teima, berra! Quem sabe você se escuta e abandona o lugar comum, mesmice do mundo. Tenho pavor de senso comum. Queria registrar o quanto incomoda a forma como homens se sentem à vontade ao subjugar, magoar mulher. Sem constrangimento, chega a ser vergonhoso, internalizaram tal postura como se fosse um direito. Recusam qualquer tentativa de aproximação subjetiva, distância proposital. Dificultam nossa invasão aos nichos de poder, currais eleitorais, lugar onde se sentem reis. Qualquer situação que o faz mudar de lugar, conforto interno, ameaça. Teme assumir posição, toca a vida tal qual orquestra sem maestro, em desafino. A questão subjetiva é tratada como se troca pneu, sem elaboração. Empurram com a barriga a ilusão de que, por natureza, são melhores. Recorrem à medicação, mas quase nunca à boa escuta. Frustrados, passam ao ato, atuam atravessados de ira, orgulho, feminicídio, suicídio. Passamos ao ato quando não conseguimos simbolizar onde fazemos sintoma. Adoecemos, deprimimos. Pressão alta, enfarto, diarreia. O corpo dá o grito, exige limite. Sofremos no corpo a dor que não conseguimos expressar, desreprimir, vomitar com linguagem. Sem destilar o sofrimento, o caldo tóxico vaza e faz estrago. Tudo poderia ser diluído em palavras, solvente poderoso que exige coragem moral. O dizer propicia encontro do sentimento com o significante, quando o mais íntimo de nós escapole à conta gotas. É alegre o encontro do dentro com o próprio, muitos se cristalizam na recusa do dizer, se fixam no dito pelo não dito. Contudo: "a cerveja dele é sagrada, a vontade dele é a mais justa, a minha paixão é piada e sua boca é um cadeado". Em *Sem açúcar*, Chico denuncia o silêncio, estupidez, impropriedade, dificuldade dos homens em dialogar com a demanda feminina. Muitas vezes, a sensação é que estão transando com eles mesmos, tamanho o alheamento ao outro. Olham para nós, mas o espelho remete à própria imagem, lago narcísico. Quando estamos abalados, o raciocínio declina, gaguejamos, ficamos lerdos. Certa vez, deprimida, iniciei relação com um escritor/poeta. Na conversa comunico que parte do meu sintoma devia à frustração de não conseguir escrever, publicar textos – o ato de escrever era forma de me sustentar viva, não sucumbir. Queria estabelecer ligação íntima com a letra, salvar pelas palavras, a escrita era corda de salvação. Como compensar crise existencial, contornar o vazio? Quando a alma está triste, o amor é amargo - vamos pra cama querendo encerrar, antes de tudo começar. Queria provar do néctar dos letrados, gozar com Mário de Andrade. De cima do Olimpo, o mestre da poesia sugeriu: "desiste, melhor comprar computador e mudar pra fazenda do teu pai, lá distrai, não nasceu pra intelectual". No susto, refiz decepção, objetivo era encontrar forma interessante de aliviar o corpo atormentado, sublimar no papel a dor do Nada. Única coisa que me ofereceu foi opinião cristalizada na lama da prepotência masculina. Agradeci. Não me viu, não me sentiu, simplificou! Inconformada, retorno à universidade, buscava apoio ao projeto de doutorado. Aluna empolgada: professor, hoje vamos comemorar o final do curso? Fui toda arrumada, sentia fagulhas, calafrios. "Não, próxima sexta". Ato falho, ao desejar o amor, a memória se turva. Assim me curei da depressão e numa grande paixão, mergulhei. O professor foi sábio ao interpretar a dor do "não dito". Ofereceu orientação à pesquisa, e um afeto ressoou.

20

Amor, paixão, poucos desconfiam onde e como tudo começa, mas identificam muito bem quando termina. O coração sabe dizer não, ele não mente, não procrastina. Corpo assumido, sem constrangimento, avisa logo que a jornada afetiva por aquela pessoa acabou num tempo sem emoção, desidratado. O sangue raleou, desmistificou, desiludiu e se insistir, adoece. Céu cinza, crepúsculo ainda dia. Amor respeita ordens pulsionais, bicho bravo, não gosta de ser enganado. Intermitente, melhor não desobedecer, não reconhece conta bancária, raça, sexo. Revolucionário, às vezes torna-se inconveniente, abusado. Já o desejo certinho, aquele que obedece ao pai, mãe, acaba misturando interesse e sedução. Nelson Rodrigues solta o veneno: "dinheiro compra até amor verdadeiro". A dialética do amor merece ser respeitada, manhas, caprichos. Amor é peleja pura, ora quer, ora não quer, trabalho danado. Com isso é o tal de casa, descasa. Duro controlar gulodice, sarna que não cessa. Sempre buscamos pedaços de amor nos cantos da casa depois que ele se vai. Fotos, músicas, resíduos que nos fazem levitar, revirar tudo, molhar cadeira. Fragmentos de noites em Lisboa, Serra do Cipó, Santana dos Montes. Atravessados pelo tempo dos amantes, carregamos na mala lembranças que nos jogam na cama, não se rendem. Exigem a volta dos risos, alegria aguda. Noites e diamantes. Cadê o tesão, onde se escondeu a flor do sexo entusiasmado, alegria é Orfeu. Trocar as cordas da mesmice ao afinar, com meiguice, o desejo feminino. Potência robusta, provoca passeatas, faz tremer governos fascistas. O *spotify*, grande aliado na questão, dispensa desculpas. Sem autorização, nos pega de surpresa e fode com o equilíbrio. Difícil curar amor rejeitado, demitido, ele sempre volta. Outro dia, um susto. De repente reviro os olhos e o tapete, suspiro em falsete. Estava distraída com a vida no fogão, foi panela pro chão, cebola pela janela, tempero fora de situação. Kleiton & Kledir desconsertaram com *Paixão*. Crente que estava sarada do amor. Os planos eram deixar essa antipatia de lado, perturbação, entrega maldita, prazer indefinido. Embora ser feliz é tudo que se quer, a vida exige toada organizada. Sozinha, que venha a falta. Pacto capenga, de fora pra dentro não vinga. Combinado parcial, autoritário, com apenas uma parte do corpo, a outra não foi ouvida. Da cintura pra baixo, deixando de lado coração, boca, seios e cabelos, todos ainda ansiando muitos beijos. "Ah, esse maldito fecho ecler, faz o corpo arrepiar". A canção insiste em machucar, explode no ar a melodia que vem lá do sul do país pra nos salvar, tempo perturbador. Vingança, ciúme exacerbado, feminicídios, amor miliciano, sevícia. A dupla canta a relação que está saindo do mapa. Um amor enamorado, demorado que quer ficar até o fim do dia decorando a tua geografia, escândalo. Sanha, assanha, rasga a roupa, arruína por dentro, pega na veia, sangra, inunda, afoga. Derrama, lambe, deslumbra. Faz cócegas e deixa cabelo em pé. Bicho indecente, gosta do destempero, vive na adolescência, nunca envelhece. Incêndio. Ah! esse maldito coronavírus. Antes era a polícia que atrapalhava os malhos nos fuscas, becos escuros atrás de marquises. Agora a censura vem do lado sanitário. A privacidade se fudeu. Beijos e abraços com convicção, peças do museu da solidão. Opressão, depressão, o mundo desabou, derreteu geleiras, espalhou vírus - somos o perfume da madame, lugar insignificante diante da tragédia anunciada, destruição ambiental. Espremidos contra a parede, de joelhos diante do altar da ignorância humana, peregrinamos de máscaras, noites obscuras. Tudo brocha, nenhum pau se sustenta em cenário mortífero. Necropolítica. Banalizaram a morte. Mal fashion, show de barbárie. Quero justificar a vida, dar comida aos pássaros, varrer chão encantado, escrever com comichão. Coração sangrando, pesadelo, tristeza fundamentalista, cara de Talibã. No desvario, deve-se salvar esperança, felicidade reformada. Algo dentro vai reclamar, desejo é conta que não se paga, fome que não arrefece, buraco que não fecha. Não há solução, vontade não envelhece, gosta de vagar - vagabunda. Tentei negociar: te dou o que você quiser pra me deixar em paz. Uma casa nas montanhas, logo depois do Rola Moça. Ofereci alhures - ouro, prata, minério, zinco. Nada. Resistente, resiliente, intermitente. Pode até dar trégua, mas retorna, arrebenta porta, apossa, instala - carrapato. Te suga, chupa, alivia. Maltrata, mel e fel. Se tiveres sorte, se for amor que tens um não sei o que de paraíso, te deixará vesga, bamba, mole de prazer. No céu, sinfonia, euforia, no teatro municipal, Tristão e Isolda. Todo amor carrega algo de trágico, muito de drama, pouco de comédia. Melhor não eternizar nas teias do passado - desmistificá-lo, nada de príncipe, princesa. Tesão é noite mascarada. Na multidão dos afetos permitidos, vale tudo. Sem permissão, intimação! Sou filha da bravura, mas adoro a delicadeza da penetração, no limiar da paixão.

21

O amor dos outros. Que inveja de quem sabe amar, cativar, tornar o outro refém confesso de nosso amor. Há filmes que nos deixam tontos de beleza - beleza de amor, beleza de casal. O amor no comunismo. Em *A vida dos outros*, a espionagem da Stasi, polícia secreta da Alemanha Oriental invade a vida de um casal. Todo regime autoritário esbarra em limites, mecanismos de controle e opressão social fracassam quando adentram subjetividades, vida íntima. São insuficientes ao impedir que pulsões se extravasem. Diante da exuberância do amor, não há ordem de Estado que resista. Poucos ficam imunes ao cenário em que a dança dos corpos eróticos expõe êxtase, alegria de cumplicidade. Prazer profano, profundo, intenso. É quando descobrimos diferença entre fazer amor e fazer sexo puro, ordinário. Assistimos à dimensão humana rompendo ordens e se envolvendo em cenas idílicas. Escapulindo da lógica comunista de perseguir quem não compactua com as regras partidárias, totalitárias. Vigiar, espionar e controlar, atos perversos. Geralmente, malsucedidos. No filme, o espião encarregado de vigiar a vida do casal (ele escritor, ela artista de teatro), é surpreendido com suspiros, sussurros que acabaram provocando mudança de posição, e o levando a passar de delator, a protetor. Durante o percurso de trabalho ocorreu intervenção pulsional, passional. O desejo contaminado pela sintonia da entrega em devaneio, encontro de grande densidade afetiva, sensualidade, sofre deslocamento. O romance dos artistas pulsava entusiasmo em criar, viver, amar. A alegria dos amantes provocando revolução, tudo desabando naquele corpo seco, frio, entorpecendo tesão adiado. Loucura indecente em chamas incendiando, transbordando. Mais queria invadir, participar, que denunciar, condenar, punir. O céu do bom sexo é pra poucos, exige coragem moral. O clima de felicidade causou no carrasco desejo de abandonar o posto de funcionário burocrático, que apenas obedece a ordens superiores, executa ações sem sentido. Dessa vez o gozo do espião não se realizou na dor do outro. O erotismo não operou o sadomasoquismo, a pulsão não se satisfez diante do sofrimento. Ao defrontar com sinais de júbilo, barulhos de sedução apoteótica, se entregou. Demissionário do deserto afetivo, desestabilizado, jogou o véu perverso. Ao escutar o que não devia e previa, tampouco constava do relatório exigido, algo se rompeu. Um corte na cadeia pulsional o transportou à outra dimensão do humano. Lugar onde lateja emoção, comoção, comiseração. Como prosseguir na perseguição, prender e destruir tanta beleza, alegria? O compromisso dos apaixonados era com o lado exuberante da vida, e ele, ali, malabarista da vingança, ressentimento e ira. Inveja corrosiva. Ao espionar, bisbilhotar, tornou-se cúmplice e se entregou às fantasias recônditas. A exuberante cumplicidade, como a grandeza de afinidades, expôs sua condição de indigente afetivo. Acabou perturbado, devorado em sua penúria de sentimentos. Um ato analítico se operou, atuou. Ao defrontar com entrega de tamanha magnitude, colocou-se em questão, elaborou. Enodado na intimidade do casal, tocado pelos grunhidos do amor, desistiu da perseguição. A fúria que vem da cama, o berro da alma em festa vale mais que ordens de Estado. Totalitarismo não deixa pau duro. Só machuca, tortura e faz terror. O amor é lúdico, a paixão se intensifica em risos, fervura consentida causando desobediência militar. Evidências de um tesão em curso foram responsáveis pelo fracasso da operação, investigação. Impossível sair ileso quando se é arrastado por enxurrada de afetos que deságuam no leito dos bons amantes. Poucos suportam ser surpreendidos em suas economias amorosas, entregas de parcas fantasias, emoções recolhidas, inibidas. Orgasmo, pra merecer honraria, exige democratização, um querer o outro dentro.

22

Na mulher, o bicho pega na rivalidade feminina. Provoca rombos, tragédias, furacões. O que ela tem que eu não tenho, ela consegue e eu continuo na amargura com minha falta, lugar maligno. A disputa feminina é caso de polícia quando não enfrentada em divã. "Meu filho merecia mulher melhor, mais bonita, caprichosa. A mulher do meu irmão é uma bruaca. Meu pai devia ter escolhido mulher menos incisiva, dominadora. Socorro, que mulherzinha teu primo arrumou". Nunca uma mulher será aceita aos olhos de outra enquanto não fizermos as pazes com o registro da ausência, desmistificar a falácia do segundo sexo, esse ser que carrega a marca da faltosa no corpo. E que por ela é atormentada. Caralho. Anatomia de pau miúdo não faculta jogar frustração em ninguém. É a história das mulheres que morrem de medo da infelicidade e, ao perseguirem o desejo, tornaram alvos de casamentos falidos, a que não enfrentou o tigre, desencorajou em atravessar o Rubicão, Mar Adriático. A lógica da aliança presente entre os homens precisa se estender, também, entre as mulheres. Ajudar a amiga a conquistar autonomia - independência ou morte exige culhões. Sobrepor o imaginário do anjo torto, igrejas e religiões machistas, gente que reza terço com dedos patriarcais. Deus, papa, pastor, padre. O poder nunca nos foi facilitado. Sujeito que cresce ouvindo mãe dizer que vida de mulher exige renúncia, mortificação, sabedoria ao carregar a cruz do casamento, tampouco ficar despeitada, caso rejeitada. "Nazinha sentia dor, sangue, sangue, sangue...Era como se a vida lhe estivesse fugindo, a começar por aquele ponto entre as pernas. O homem tapou-lhe a boca e gozou tranquilo". Conceição Evaristo em *Becos da memória*, escancara com primor e força, vida em chamas, pecados capitalistas - seja na favela ou no sertão, perplexidade! O irmão vaticinava que lugar de mulher é na cozinha dirigindo fogão, apelidando-me de Tia Nastácia. Anos depois, ainda quando a ele telefonava, assim era chamada. Que agradável! Tentam nos apagar, diminuir, queria ser tanta coisa - professora, escritora, psicóloga. Sonhava, na coluna social, aparecer movida por um grande feito, nunca pela beleza. Amaury Júnior estampava no jornal da cidade rostos perfeitos. Paradoxo misturar amor e obediência, beleza e sacrifício. Ser mulher é devir, se fazer o tempo todo. Há de se reescrever em outro lugar, reinventar outras metáforas, nem Tia Nastácia, nem corpo em exposição, beleza padrão. É comum sermos excluídas por casais, rejeitam a amiga solo, ameaça, incomoda. Mesmo quando são surpreendidos com a boca babando, suando sobre corpo não permitido, esmagando seios reprimidos, a enforcada é a mulher. "Se tua tia te pega comigo, te bota na rua. Eu vou ser perdoado. Você não". As palavras de Brando, tio de Lucy, em *Tudo é rio*, majestoso romance de Carla Madeira, confirma maldição feminina. A culpa é da buceta oferecida, fogo no corpo.

23

Acho que até hoje assunto incendiário que transborda, faz estragos, causa dores, é a separação dos amantes. Quando duas pessoas vivem afetos intensos, trocas de grande densidade amorosa, relação sexual satisfatória, dificilmente se desapegam num átimo como se tudo estivesse tranquilo. É compreensível, não somos máquinas que ligam e desligam sentimentos. Nosso interruptor é diferente, dentro, vinculado a ondas energéticas de outra ordem, corrente magnética profunda, toques cavernosos, registros fecundos. Impossível tentar interditar a fluição de afetos com um puxão. Ao desligarmos da tomada conjugal, mundo desaba, enxurrada, fragmentos. Nada é transparente, não há a mínima chance em querer resolver com recibo, protocolar despedida, últimos capítulos do casal, como se fosse aparelho defeituoso que entregamos na oficina. Mágoa de amor perdido precisa ressecar, leva tempo, é barulho que ecoa, vibra, preluz. O tempo ajuda, traz o perdão. Ao despedir, depositamos no balaio desejos contidos, evidências sufocadas. Lambança só, nada racional. Sorte quando fagulhas da ferida narcísica não se espalham em tumor. Um corpo sangrando a perda de um amor pode se transformar em câncer ou caso de polícia. Litígio. Confusão com cara de tesão ferido, desaforo. "Eu sei que é inconveniente ficar remetendo ao passado dolorido como o nosso, ou o meu. Quero me livrar desse entulho maléfico. Precisava de tua ajuda, sozinha não é possível fazer catarse. Não conformava com a forma abrupta, impetuosa com que decidiu a separação. Fria, estúpida, balde de ácido. Tinha direito em querer chorar, abraçar, beijar, destilar, desabar juntos a síntese de um tempo a dois da maior magnitude. Mas fui impedida de desabafar, despedir, padecia suspensa, território vazio. Banida das emoções tecidas em chamas de ouro, torrenciais. Tive que endurecer ao suportar o silêncio que você impôs. Impedir que lamento se transformasse em vitimismo, lamúria de desprezada, traída. E você seguia desdenhando da morte de nosso passado quente, felicidade que incomodava à distância, intolerantes com nossa abundância afetiva. Protagonistas sórdidos da falência de um amor diluviano, permitiu que invadissem nossa tenda, jogassem o manto da reprovação, egoísmo, censura. Não soube se livrar dos olhares ciumentos, invejosos, vivia sob pressão. Me consumia de dor sozinha na fogueira, guerra de surdos, mudos. Tudo que precisava era derrubar o muro, armadura que nos separava, esquecer o ruim e fixar no resto de amor que ficou, fazer travessia em paz, redimida - luta, luto. Não tenho vergonha em assumir, a vida rola nas manifestações de dentro, preciosas. Gosto de sentir, derramar todo sentimento, higienizar alma. Nossa história é sagrada, ninguém tem direito de invadir. Você poderá namorar, casar, uma história não trombará com outra. Com o tempo, cada qual assumirá o passado sem transtorno. Para tanto, você deveria descer do castelo, lugar inatingível. Agora que o pior passou, podemos conversar por meio de mensagens, o virtual é menos dolorido, uma vez que devemos nos acostumar com a distância. Adiamos isso, você e eu. Tentamos maquiar o defunto, mas com o tempo não há cadáver que não comece a cheirar mal. As conversas acabavam em mal-estares, quando o casal passa muito tempo sem transar, briga por ninharia. Primo por liberdade, mas ela sempre esbarra em ciúmes, mágoas. Normal. Me impus aceitar a separação de pronto por sentir que você ainda desejava viver outras intensidades, se interessar por outras tempestades, bem sabes que o amor nunca traz só calmaria. Não gostaria de continuar vivendo assombrada pelo fantasma de outras, insuportável, carne viva. Diante do inevitável, me fiz forte, insistir seria sofrer ainda mais. Distanciar de machucado infeccionado, mais que necessário, estratégia de sobrevivência diante de ferida purgando - entregar a uma outra nosso objeto de desejo. Você era minha perdição sagrada, projeto de vida aquecida, enlouquecida! Agora nos cabe banalizar essa história, fotografia desgastada, passado corriqueiro. Esvaziá-la do teor erótico, destruir a sedução que ainda cerca os objetos. Resíduos que cochilam nos cantos que você deixou. Lugares melancólicos precisam ser apagados. Me ajuda a enterrar nosso tempo, ele se foi, não quero que permaneça em minha vida como algo não resolvido. Na verdade, você não abandonou nada quando se foi, pois aqui já não estava mais. Se vou sofrer ou não, cabe a mim saber administrar. Sofrimento nos faz menos exigentes, arrogantes, paulada na alma enfraquece egos abobalhados. Fiquei mansa. É óbvio que também sou responsável pelo fracasso do amor, todos temos participação quando a parceria naufraga. Se entra água diferente na canoa, algo já apodrecia, ela afunda. Poucos amores perduram por muito tempo, o nosso venceu. Tenho certeza que você respira aliviado, livre de exigências, olhares agudos, cirúrgicos, obsessivos. Sempre tentei não sufocar, manipular, mas mulher é bicho duro quando quer consertar amor adoecido, sempre espreita cura. Frustrada, pura chatice! Compactuo que amar é abrir espaço e permitir que o outro assuma a condução de sua carroça. E, quando possível, dividirem as rédeas. Se não, nada há a fazer. Não viemos ao mundo para atendermos expectativas alheias. Vale tentar, afinal a escolha de seguir estrada juntos é selada a dois. Que tenhamos sorte na vida que se confirma. Até". Ressonância, faísca feminina quando não contornada, trinca a alma. Queria registrar o sofrimento ao remoer, sozinha, o osso do desfecho. "Eu não quero levar comigo a mortalha do amor" - *Pedaço de mim*, de Chico. A rapadura sempre será dura, mesmo que tenha sido doce, lírica. Saímos com gosto de morte na boca. O tempo é generoso, sagrado ao desmisturar, separar feio de bonito.

24

O machismo da mulher contra outra mulher merece ser bem debulhado. Assunto de filmes, romances que, ao ser investigado, esbarra na história da sexualidade feminina, mas poucos querem dela saber. Quando a traída lança olhar ferino à rival, paredes tremem. É sintoma que se revela ao bordejar esse buraco obscuro. Remonta à falta registrada. Não suporta ver uma outra ocupando o lugar dela, desfrutando do amor dele. O que incomoda é saber que ambos possam estar felizes. No fundo, gostaríamos de estar vivendo o que não fomos capazes de conquistar ou fazer perdurar. O ódio da ressentida é ácido que esparrama sobre o alvo, nada detém o curso da inveja. Correnteza perigosa que desce destruindo tudo, maldade que inteligência alguma é capaz de barrar. Na hora do fogo, tanto faz ser elegante, zona sul, doutora, do alto do teor possessivo, ciosas de seus domínios, despejam fúria. Desmesura. Narcisismo abalado expõe ferida, pus. Conflito feminino alimenta rivalidade com força de pugilista, muito homem assujeita pra não desestabilizar relação. A infeliz que resolve jogar a vassoura de bruxa sobre a rival, bem-sucedida. Casos que evidenciam dificuldade em nos haver com a infelicidade - caldo amargo, bílis pura. Poucas suportam presenciar encontros emanados, entregas eróticas, corpos entorpecidos, enfatuados de amor. Tempestade à vista, casas vão abaixo. Sem constrangimento, jorram todo rancor em cima da escolhida. A ela irá pesar o dedo da responsabilidade pela separação do casal. Dizem que você conhece uma pessoa quando dela se separa. Casamento ou relação sexual duradoura deveria ser cargo de confiança, proibido manipular, chantagear, colocar filhos contra pai, mãe – alienação parental é crime! Aprender a suportar a dor da rejeição sem jogos sórdidos, vergonhosos. Certa vez, ajudei a amiga destilar a cólera da separação. Um caminhão de mágoa e ciúmes despencava. Propus viagem, elaboração, ofereci escuta necessária no momento de guerra. Voltou aliviada, convencida que luto com ética é saudável a todos. Administrar com elegância o sentimento de preterida é raro. Pesa o fato de, quase sempre, a vara do julgamento vergar ao nosso lado. Maioria defende homem, mesmo que seja ele quem cometeu o doce pecado, tesão abusado! Sofremos ao sentir o clima de rivalidade pegando fogo, criam-se dois lados, erro fatal. Festival de fofocas, gladiadores no coliseu das feras feridas. Não se trata de lados, são duas pessoas que apenas resolveram não mais compartilhar o mesmo teto. No discurso da ressentida, reza que o intocável foi seduzido por um corpo atrevido, vulgar, vadio. Puta letrada, pós-graduada. Seja ela quem for, a cultura que protege o algoz desnuda o quanto somos condescendentes com a sanha masculina, irresponsável. Até quando responsabilizaremos a outra pela fome, desejo descabido dele? Bicho andarilho que gosta explorar floradas excêntricas. Conflito é espaço de transformação, difícil reconhecer os valores de uma outra, abandonar a competição, sem antes fazer as pazes com as mazelas, se fazer reconhecida a si mesma. Ao sentir inferiorizada, opera-se com agressividade, transfere à outra frustração pelo fracasso - inveja gerando maledicência. Dificilmente suportamos o sucesso alheio, profissão, beleza. Logo queremos rivalizar, impedir que tenha o que nos falta. Viagem sem volta culpá-la pela infelicidade, vexame feio. Melhor transformar a vida em algo interessante, recusar o lugar da vítima, desapegar do sadomasoquismo. Num mergulho de lucidez, abraçar a situação com generosidade, aceitar as que chegam com elegância. Quem sabe, tomar cerveja com os incômodos - nora, madrasta, enteada, destilar conflito, liberar rancor. Ao decifrar enigmas que envolvem sexualidade feminina, tão analisada e cantada, abandonamos a posição da coitada, humilhada. Fazemos acordos com a falta, esse buraco que provoca insegurança. Mulher, determinação no enfrentamento do registro psíquico - ausência do significante fálico, responsável pelo sujeito de desejo. Um atributo a ser conquistado. Sem um percurso abissal, dificilmente seremos bons exemplos aos filhos. Como ensiná-los a disputar, perder, aceitar rejeições, frustrações? Cabe a nós o esforço por um pedaço do céu, ele não nos chegará de graça. Assumir nosso tamanho, grande avanço. Sujeitos incompletos, divididos, imperfeitos - seja no feminino, masculino.

25

A lógica da mulher atual, implicada na diminuição das desigualdades entre gêneros, assume posições diferentes, exige participação nas despesas, casa. Direitos, conquistas, autonomia, independência. O passado de princesa ou gata borralheira urge ser enterrado. Aos berros, nada de desculpas, levar a sério reivindicações, jogar na fogueira desaforos que tentam nos impingir. Maria explorada, enganada, desvalorizada, nunca elogiada. A narrativa feminista é tramada na luta, requer trabalho, cobrança por dignidade, cumplicidade, abusos não são negociados. Mulher, seja rica ou pobre, negra ou branca, hetero ou homo, o machismo sempre planeja te alcançar. Sempre haverá uma forca àquela que pensa diferente. Irmão ganha bicicleta, moto, luva de box. Filha, boneca de plástico, arremedos de cozinha. Fardo, maldição que não termina, se quiser, divirta-se no fogão enrolando rosquinha. Só tive uma boneca na infância, o resto, panelas. Destino confesso, coitada, a boneca foi mutilada. O irmão que sonhava ser médico resolve operá-la com bisturi de boiadeiro. Na mesa da copa, o ferro do pai marcar boi desfigurou a fantasia da menina. Única peça ao embalar sonho incerto de maternidade. De barriga aberta, restava consolar com a metáfora da filha machucada. Boneca, símbolo do futuro que me reservava, agora subtraído por um ímpeto egoísta, objeto estuprado, violentado. Sem permissão, intromissão, invasão – adentram espaços femininos sem serem convidados. Quarto, livros, violão. Talvez ato falho simbolizando desejo de investida, penetração, dominação. Desconsolada e sem ilusão, resolvo abandonar a ideia de ser mãe, quero não, muito risco em terras machistas. Ainda no sertão, numa revista soube que Simone de Beauvoir confessou: "não posso ter filhos, meu país não me garante boas condições, creches adequadas, entre outros suportes à mãe e criança". Diante desse testemunho, profunda realidade me abateu. Se na França a educação pública é prioridade e de qualidade, ainda assim ela se demoveu da maternidade, quiçá no Brasil. Educação é função social. O conceito de público é que forma consciência cidadã. Escolas públicas, um sonho que, por aqui fica a desejar. Nas escolas particulares, cabeças privatizadas, sonhos de mercado. Crianças disputando mochilas, orientando a vida no consumo frívolo, questão que não me agradava. Por volta do primeiro casamento, marido médico, iniciava vida de professora no Senac, e ainda com medo de um dia engravidar, passei a ele meu temor: se tivermos filhos e se for menino, quero que faça curso de office-boy, nada de educá-lo na frescura de filho de médico, carece de conhecer outras realidades. O tempo passou, resolvo não arriscar, separei e providenciei esse desejo enterrar. Sempre temi o ser humano, coisa mais perigosa do mundo. Grande parte das desgraças que nos cercam são provocadas por mãos humanas: guerras, crimes, crise climática, preconceitos, racismo, feminicídio, nazismo. O mal não brota em cachoeiras, nasce em camas de ouro ou de sapé, cresce e logo mostra a garra tirânica. Infelizmente somos a gênese da maldade do mundo - educar filho, desafio incomensurável.

26

Maternidade é tarefa compartilhada, nenhuma mulher faz filho sozinha. No reino da presunção masculina, paternidade geralmente não é encarada como função, responsabilidade. Não é incomum o pai casar novamente, abandonar filhos, total devastação, criança requer um lugar no desejo dos pais. Querer ter um filho é diferente de desejar ser pai, mãe. Aqui a humanidade afunda ao negligenciar o que não pode. Toda criança clama por carinho, dedicação, implicação. Ninguém nasce bandido - se faz bandido, perverso. Aprendemos a ser responsáveis, éticos e honestos com quem nos educam. Com a saída do cavalheiro da cena familiar, quando some na rasteira de outra mulher, deixando tudo pra trás, começa o sofrimento aos que se sentem abandonados. Sem um preparo, conversa cuidadosa, assumindo papéis, compromissos que filiação exige, crianças são jogadas em abismos. Djamila Ribeiro em *Cartas para minha avó*, relata a história dos pais que se separam e, logo após, a mãe é internada com câncer. O foco é ausência do pai - alheio às dificuldades da ex-companheira em educar os filhos sem ele por perto. A falta de consideração e apoio à doença da mãe: "O senhor não tem vergonha na cara? Minha mãe foi sua esposa por mais de vinte anos, vocês tiveram quatro filhos juntos, construíram uma vida! É um verdadeiro absurdo que, em nome de tudo isso e do que o senhor fez ela passar, ainda não a tenha visitado. Ela vai morrer, sabia? E vai morrer carregando todo esse peso, toda a mágoa, porque o senhor é covarde a ponto de não encarar as merdas que fez e faz! ". A força das palavras de Djamila está em registrar a cultura do abandono quando o homem se desresponsabiliza em relação à família, sempre as mulheres cuidando umas das outras. O pai desfrutava de um outro relacionamento, contudo, não justificava a falta de carinho com os que ficaram. Com a mãe que cozinhou, lavou e passou a vida toda, em casa ou fora de casa. Depois de casada, em vez de cumprir as ordens do patrão, atendia aos caprichos do marido. Ao deixar de ser doméstica, um dia testemunhou que havia saído de uma escravidão para entrar em outra. Relatos como esse são de extrema importância, desconstroem a áurea injusta que paira o masculino. No casamento, muitas vezes, ao sufocar desejos, acaba-se tamponando algo profundo com banalidade - geladeira, torradeira. Nada era mais importante que a felicidade dessa mãe, mulher de pés rachados, olhar triste. Contudo, o marido não foi capaz de lhe proporcionar alegria recheada de reconhecimento. Com minha mãe foi diferente, eu percebia o peito preso, o peso do andar na cozinha, olhar exalando melancolia. Tentava intervir, jovem sempre acha graça na vida fora de casa. Mãe, hoje passa um filme legal, li no jornal, por que a senhora não vai com o pai? Mas, a prisão interna, esse quartel que faz morada, não desgruda fácil da alma. Fixada no masoquismo, recusava minha proposta de distrair o corpo desacorçoado, como sempre dizia. Não é fácil ter mãe triste, sentindo-se desvalorizada, presa na cultura da submissão, filhos sofrendo a falta de carinho dos pais. Toda criança anseia por um pai, mãe. Não se trata de pais no mesmo lar, mas garantir aos filhos parceria na educação. Criança não é farrapo, pedaço de pano, não pode servir pra limpar chão de gente omissa. Filho, quando cuidado, interditado nos excessos, não tem erro, benfeitoria. Nem todos escolhem ter filhos por que desejam. Uns, por que o outro demanda - pais, avós. Pressão sutil, vocês não vão engravidar? Importante reconhecer o seu desejo pra não ficar respondendo à demanda do outro. Depois de velha descubro que meu desejo foi contaminado por narrativas de mães frustradas - o campo desejante está inscrito na cultura. Mulheres limitadas em seus potenciais que conviveram apenas com fraldas, fogão e liquidificador. Cúmplices de um cotidiano náufrago, demanda constante: criança, escola, dever de casa, supermercado, chefe, marido, sexo, aniversários. Se cochilar, a vida vai pro ralo, alugam tempo, corpo, escolhas. Viver exige sabedoria, saber desviar pressões, manipulações, decifrando ruídos recalcados, destinos mal traçados. Sempre haverá uma multidão tentando nos demover dos propósitos - assombração sabe a quem aparece. O que é teu ninguém toma, o que suspira dentro te orienta. Somos conduzidos por códigos internos, justificar a merda que nos atola é feio, assume e se implica. Não dê ao outro o direito de intervir, a condução de tua vida é sua. Comigo o tempo foi generoso, deu oportunidade de refazer o olhar sobre o amor materno. Com Cecília, sobrinha que chegou, perturbou, desmitificou discurso pessimista sobre maternidade sofrida - quando a vi, transbordei, derretida, numa segunda mãe me tornei. Maternidade não pode ser idealizada, é trabalho, custo, exige que saibamos sustentar o "não", barrar os excessos. Contudo, prazer que transmuta, provoca céu estrelado, lua cheia. Filha que não nasceu de minha barriga, mas do meu coração, amor redimido. Confesso que fui surpreendida por sentimento oceânico, delírio que chega e bagunça crenças estabelecidas, retóricas inconsistentes. Cada qual é marcado pela maneira como foi acolhido, amado, vivência impossível de ser terceirizada. Um despropósito cobrar amor de quem cresceu no relento afetivo. Revolta que faz eco, ressoa fel, dor ácida. Poucos levam em questão, são julgados com a mesma régua, medida injusta.

27

Juventude revoltada, engajada. Vai estudar, morar longe da família, construir liberdade e, com desejo em chamas, aprender a pensar. Ser o que, no momento, a vida lhe inspira. Nos anos 1970 era ser feminista, marxista, existencialista. Contra Salazar, Franco, Guerra do Vietnã. No Brasil, lutar contra ditadura militar. Ser hippie era engajamento, filosofia que provocava rupturas, contestação regada à boa farra. Sexo, drogas e Rock and roll, um cardápio pra poucos, nossa galera era pobre, longe das regalias de classe média. Se era pra bancar decisão de morar fora da casa dos pais, arque as consequências.

À noite, chegava da faculdade e, na geladeira, uma cenoura solitária aguardava. Rala e come! Cerveja e maconha fugiam do radar das garotas, duras, responsáveis. Mas a fome jovem, se resolvia no Bolão, macarrão da madrugada, boteco da resistência. O bar do Lulu, reduto cultural onde viviam-se verdadeiros sonhos de noites de verão. O casamento atravessava nossas vidas, mas logo se tornava supérfluo, difícil conciliar reacionarismo com desbunde. Com a chegada dos militares, o país vira de ponta cabeça. Filha de fazendeiro ou médico, jurista ou dentista, as palavras de ordem eram: "Abaixo a burguesia, defenda o proletariado". Como ser defensora dos dominados se pertencíamos aos dominantes? Fenômeno. Algo dentro fazia barulho, cutucava. Essa geração incorporou a necessidade de denunciar exploração, machismo, racismo e autoritarismo como um chip. Programados para lutar, viver era conspirar contra pensamento obscurantista. Contaminados por ideias fora do manual reacionário, o caldo socialista que derramava sobre nossas cabeças era vigoroso. Além das questões sociais, políticas, sinais e códigos familiares nos acompanhavam, atormentavam - paradoxos. Saí de casa devorando *O capital*, lições que os pais não entendiam, equivocados, acreditavam na falsa ideologia da ameaça comunista. Imbuídos da moral cristã, gostavam de se ocupar com o bem-estar dos empregados da fazenda. A primeira escola da região, meus pais que construíram, mamãe insistiu - a professora vinha de longe, dormia em meu quarto. Me iniciei nas letras entre boiadeiros, vaqueiros. Sem saber, o coração largo do casal apontava traços inadequados à crença ao capitalismo. Obrigava a filha fazer, toda tarde, lanche pra peãozada. No embornal se ajeitavam café, broa de fubá, pão de queijo - merenda na roça era sagrada. Alteridade e empatia se misturavam ao desejo de fazer amigos. O velho era bem-humorado, gostava da prosa dos caipiras, preferia amizade ao serviço adiantado. Apreciava ganhar dinheiro, mas gostava ainda mais da conversa no roçado. Caboclo toca viola, sanfona, faz fogueira, bebe cachaça e fuma cigarro de palha com a mesma ingenuidade com que é explorado. Mata boi, faz churrasco e conta causos. Dinheiro não faz nada disso, mofa no cofre. Desconfio que a fazenda era mais um pretexto pra cultuar convivência, comunidade da boa troca.

28

Na roça, tempo parado acelera vontade de apressar felicidade. Desejo alagado, entorpecido de vontade, sentimento de cidade. Sem fantasiar possibilidades, dá medo de angustiar. Olhava o horizonte e não via saída. O mundo masculino não abre picadas ao feminino. Buscava brecha, salvação, nasci entre arreios, carecia de pelego, amortecer tristeza. Os passeios, raros, visitar em outra fazenda primos, disputar corrida em cavalos, dirigir trator, acordar cedo e assistir matar porco - à espera do rabinho, gostava de assar. E a transcendência? Livros escassos, urbanidade longe. Queria adentrar romances, anseios. O corpo fervia, dilacerava. Devorava o futuro, furor curioso, impetuoso. Descobrir onde ave faz ninho, esconde vida pujante. Admirava inteligência, queria mais da vida que aventuras bucólicas, desconfiava das más evidências. Sem convicção, com fé, assuntava, sussurrava, precisava provar faisão, sedução. O corpo da mulher é mata fechada a ser investigada, abrir piquetes, trilhas, fendas. Queremos ser laçadas, ser a presa, a caça sonhada do homem amado. Trago o sertão comigo. Com ele fui pra vida e pra cama. Cozinhar, sonhar, transar. Um, continuação do outro, junto ao ato de cozinhar e sonhar, incorporamos a cadência do amor, controlamos destemperos. Gozamos com o chão que pisamos, histórias que carregamos, olhares que internalizamos. Cada carinho que se recebe ou deixa de receber, registrado. A sedução brota longe, o inconsciente também participa do banquete, fonte de tesão, desolação. O corpo erótico, atravessado por legião – pais, tios, primos. Marcas, tudo fixa, traumatiza, faz estragos, deixa traços, imagens que ressoam. Decifrar sintomas ajuda a ser feliz na cama - desconstruir o leão que emperra, impede de deslizar na esteira do prazer. Vida que desaba dos subterrâneos é combate, exige investigação, ajuste à forma equivocada de satisfazer pulsão. No divã está a chance de descolar da pulsão de morte e migrar à pulsão de vida. O sexo que defendo é democrático, contempla todos. Poucos gostam de investigar bueiros, catinga recalcada, verdades obscenas. Sem enfiar o facão, fazer o atravessamento, o encontro com o mais sincero de nós não vinga. Estourar furúnculos, ir às vísceras, sorver o suco da maturidade. Âmago que expõe fissuras, encontro do Eu com o Isso. O bicho pega quando a mulher, nas trocas de afeto profundo, naufraga o parceiro na correnteza existencial, confidencial. O amor no masculino é incorpóreo, não gosta de abandonar a superfície, assimilar o que rola fora da concretude do sexo. Teme se perder na escuridão, aventureiro em terra estrangeira, descompromissado, evita inverno prolongado, se arder na intimidade, debruçar sobre a alma do corpo amado, falta fervor. Diferente de mulher que se lança, arrisca, faz laço, joga na sorte e se lambuza do fogo erótico. Muitos homens, arame farpado, não invada! Poucos adentram, se entregam. Ficamos farejando à espera da palavra, a única que consola e que vocês se recusam dizer. Esperei até o amor morrer!

29

O feminino se desdobra, transforma e se faz sempre, movimento constante. Mulher tem que ser muito mais que boa de cama. Apesar de todos os atributos que a cercam, apesar de ser farol, transformador de energia da família, é alvo de críticas que adoecem. O olhar da sogra, carregado de contratransferência, barra tesão em curso, o filho perfeito, sempre desculpado, desresponsabilizado. A mulher, ao casar com o filho da mãe, pega o boi. Sensação é que levamos vantagem ao se apaixonarem por nós, estão nos fazendo grande favor. No geral, o ciúme da mãe em relação ao filho homem é obsceno. Ao não fazer o corte edípico, deposita no mundo seres acomodados, infantilizados, pouca parceria. Diante da família dele, quase sempre somos alvos de piadinhas, fofocas, comentários desaforados. Estamos aquém ao que projetaram ao Imperador. Certo dia, iniciando uma relação, indagaram: "tuas amigas não dizem que você ganhou na loteria por namorar fulano"? Mulher, a sortuda, premiada por cuidar, alimentar homens que, alheios, sequer enxergam o saleiro vazio e a vida fora do lugar. O pau feminino, cansado de ser maltratado, dá ultimato - quero pasmar, gemer! Gozo épico! Providencie jantares, disposição, música ambiente e, com ternura, me faça deslumbrar. Enfie as crianças no armário, desliga o celular, acenda tudo e apaga a luz! Ansiamos por noites desvairadas, gostamos de deixar a maldição do desejo incendiar. De puta a feiticeira, o fetiche há de ser louvado. Não queremos mais a missão de salvadoras do tesão, responsáveis pela intensidade da satisfação. Gozou? Caralho. Recusamos o lugar de serviçais do prazer deles, avaliar se estamos à altura do pênis enrijecido – competência na sedução. Foda-se. Melhor seguir vida sozinha a ocupar o lugar de rebotalho. Retalho. Não há sedução que compense tormento - sogra, cunhada, enteada. Sordidez antiga, perversa. A disputa feminina surge desde sempre. Cresci num ninho de cobras, entrelaçada em ritual macabro. Certa vez, em um clube de campo com uma prima, adolescente estreando vestido debaixo de árvores, excremento de pássaro cai e, de imediato, ela limpa em meu vestido. A sujeira lavou-se, mas a dor só se desfez no divã. Quando fujo da cidade onde cresci, fujo da competição maléfica, tóxica - gostamos de fazer vistas grossas à rivalidade feminina, dor que não faz eco. Não suportam transpor questões objetivas. Poucos abrem as chagas ao tentar salvar o que não conseguem elaborar. Tamponam conflito, tanto na disputa pelo homem, ou quando a questão transcende, o clima de competição é devastador. Acostumamos a minimizar o que não pode ser minimizado. Sufocar na inibição, repressão, fragmentos da alma humana que clama em ser destilados. Embora seja legítimo buscar outro sofá pra esticar, destampar furúnculo, esquece que o fedor ressoa, cicatriz continua. Estupor, tempestade na alma, amor e amizade, muitas vezes são assassinados na ausência das palavras, resistência na elaboração. Sem compaixão, não nos enxergam, assuntam! Perdem mulher, amiga, mas não abrem o coração. Vamos conversar?

30

Pai, que devo fazer pra estudar fora? Dezoito anos. Todo pai esperto quer se livrar de confusão, melhor esperar maioridade. Sonhava em fugir de casa. O papel da filha, mulher responsável junto à mãe pela condução da casa, deu no saco. Desejo de mulher é inquebrantável, não arrefece. Esmorece, turva, mas não desiste. Queria deixar a cidade, sua mesmice, conquistar além. Deveria ser cautelosa, o aval poderia ser revogado. O que me consolava antes da permissão chegar, era lembrar do coqueiro, seus galhos batiam na janela do quarto. Salvo conduto. Ele estava lá, indicava a saída, caminho sem volta. Só jogar a mala, agarrar, a natureza é feminina, vai te salvar. Lembrei de Freud: "cada qual terá que descobrir à sua maneira como se salvar, a vida não te darás a chave de ouro". Também Drummond, poeta do vasto mundo me incentivava, anunciava que poderia confiar no anjo torto: "vai, Maria, ser gauche na vida". Faz a coisa certa, agora é oficial, conquistou o sim, não titubeia, cavalo arriado não passa duas vezes. Escolhi morar numa república de uma amiga cujos pais eram conhecidos dos meus. A estratégia era não ameaçar, ir devagar, ganhar confiança, galgar os degraus da liberdade, passo a passo, caso desconfiassem de algo duvidoso, a permissão poderia ser cancelada. Esperei a carona passar, o dia chegou, a mãe rebelou, não foi comunicada, se o pai autorizou, melhor evitar ruídos. Azar, perdeu a filha mal remunerada, empregada sem carteira assinada. A revolta deflagrava injustiça, muita hostilidade cercava a menina. Não havia distribuição de tarefas - fazer compras, supermercado, carro é coisa de homem, mulher vai a pé. Passa camisa, prega botão, desce barra de calça dos irmãos, faz janta, mãos defendendo interesses alheios. Baco e seus representantes, os filhos queridos da mãe deveriam circular impecáveis - clubes, festas, boa farra. Os excessos etílicos, noites e ébrios sempre foram espaços masculinos. A garota transbordava desaforo. Descobre que só caindo fora experimentaria reconhecimento. Sonhava com bacantes, devorar intensidade, honrar tesão com violão, encantando madrugadas. Esticar ao máximo o limite do feminino. A despeito da mãe, irmãos que arvoraram em ditar normas, liberdade era destino pactuado com o pai. Frustrados com a coragem, rebeldia da jovem alçando desejo no escuro, contando com a própria sorte, tentavam atrapalhar: "Lugar de moça decente é pensionato de freiras, conveniente às filhas de famílias que zelam pela boa conduta. Mulher tem que ser delicada, feminina, você estabanada, boca suja", esbravejou irmão, tentando convencer o pai em enquadrar a garota. Na verdade, me apontou o lugar da abnegação, do sacrifício – a que abraça o sofrimento é sempre merecedora do altar santificado. A raiva era a forma de pedir limite, defesa contra a loucura. Precisava força pra fazer valer o próprio. Quando pequena, queria ser homem, descubro que liberdade é pra quem usa calça comprida, braguilha. Ao desconfiar que provocava olhares cobiçosos, evidência de sedução, correnteza desabando, fisgando vontade grossa, começo a entender o temor do irmão, tudo que é proibido esconde coisa boa. Começo a gostar de ser mulher, terreno vasto, muito a desbravar. A ordem social era segregar, amoitar, reprimir o que poderia destrambelhar. Desvendar segredos da vida fora do lar, interditar a rua e suas indecências. O moralista ataca pra se defender, acusa no outro o que adora praticar, conservar, legislar em defesa própria. A cultura se manifesta em quase todos os espaços onde feminino e masculino convivem - opressor e oprimido. Irmão ciumento, tio moralista, vizinho controlador, sociedade reacionária. Sorte foi ter pai democrático, homem manso, porção justa, virilidade leve, no equilíbrio. Se ocupava com o essencial, descartava o supérfluo. Moralismo e autoritarismo não ajudam em nada, desprezava. Mirando homens menos mulherengos, queria confiar, parti pra luta. Bastava gaguejar, se atrapalhar em momentos cruciais, chorar, que me eternecia. Me emocionava sensibilidade a céu aberto. Na verdade, sem saber, buscava homens doces, coragem meiga, a força bruta dos poderosos me assustava. No avesso, queria construir outro imaginário masculino. Assim ganhei alhures, me fiz mulher, paguei preço, pequei com ética, acho que fui perdoada, não acredito em Deus, mas sinto que ele gosta de mim. Temos afinidades. Implicada, tracei repertório engajado no individual, social. O prazer é político, não deveria confessar, mas foi bom pra caralho!

31

Namorei, apaixonei, não demorei pra casar. Quando casei, desanimei. Já na lua de mel, numa conversa com o marido, deixo escapar, ato falho: tudo bem, mas...e depois, quando a gente separar? "O quê, acabamos de casar e você já fala em separar?" Disfarcei, mudei de assunto. Por dentro, sabia que a profecia da criança estruturada no machismo, lógica da desigualdade, faíscas patriarcais, opressão sutil, se realizaria. O mal é promessa que não se cumpre – cumplicidade que nunca chega. Casa, separa, casa, separa - rotina das mulheres que se aventuram na vida flertando com a dialética dos sentimentos, metafísica do coração, olhar crítico sobre a sociedade. Querem mais que marido pra contas pagar, manipular, culpar pelos fracassos. Dizem que um dos papéis do casamento é eleger alguém pra responsabilizar pelas frustrações. "Ele interrompeu minha carreira de artista". Muitas não reclamam por que casaram, mas, ao se casarem, se asseguram do pretexto em reclamar. Inferno doce, chicotada com candura. Aos homens, o alvo é garantir conforto da casa bem administrada. Arranjo perfeito entre o obsessivo e a histérica. Muitos apostam nas escapulidas afetivas, há pesquisas que apontam função social dos amantes. Pró-instituição, garantir a manutenção do casamento. Mas o tiro pode sair pela culatra. Mentiras que envolvem vidas afetivas paralelas acumulam violência, crimes. O caso de Elize Matsunaga é emblemático - condenada a 19 anos e 11 meses de reclusão por ter matado o marido, Marcos Matsunaga, herdeiro do império Yoki. Interessa, nesse particular, focar apenas o que levou uma mulher a puxar o gatilho pro homem que amava. Elize trabalhava como garota de programa quando conheceu Marcos. Apaixonaram, casaram. Ela se comprometeu, junto a ele, construir família. Marcos, porém, arrumou amante, mas negava. Iniciou-se uma relação tóxica de desrespeito. Numa briga, ela confirma saber da existência de outra na vida do casal. Ele, de forma agressiva, chama-a de puta e afirma que a havia retirado da lata de lixo. Insultos, humilhações a ela e à sua família. Há um limite quando se atinge a dignidade alheia. Existe um ponto crucial, quando insultado, invadido, provoca disjunção, desequilibra tudo. Ao jogar na cara a lama do passado que ele desfrutou, devastação veio abaixo. Nenhum crime se justifica, mas se explica. No documentário sobre o homicídio, registra-se o quanto ela foi ridicularizada - debocharam do seu passado de GP (garota de programa). Absurdo a forma como a mídia, na época, narrou o caso, descortinaram toda fúria misógina. Quando são eles que matam em defesa da honra, a condenação é suave. Ao homem, trair, sair com outras, sejam prostitutas ou não, nada de espanto. Mulher escolher ganhar a vida vendendo o corpo a macho ávido em sugá-lo, julgamento severo. Guilhotina. Olhar agudo sobre o corpo feminino, não há dialética no discurso misógino, quando não é analisado a partir de questões subjetivas, prevalecendo a objetividade dos fatos. Direito e psicanálise deveriam ser convocados sempre que sangue esparramar. Paixões, ciúmes, tudo inunda, bate fundo, alaga. Contudo, coube à cultura ensinar mulheres a suportarem. Diante do cenário, prevaleceu a garota, piranha, vagabunda se prostituindo, desfrutando da vida fácil. A narrativa sempre moralista, maldosa e simplista condenando a mulher que passou ao ato e, sem expandir o olhar, deu ultimato. Poucos se interessam em debruçar sobre os motivos do crime. Elize atirou no desrespeito colocando um ponto de basta na humilhação, desfaçatez do imaginário masculino que sempre desresponsabiliza, releva atos machistas. Antes de avaliar o quanto seria vantajoso se separar de um bilionário com uma filha, o impulso em interromper o ciclo vicioso de desqualificação e desaforos prevaleceu. Ódio à sociedade que alargou o direito de abusar da carne feminina, pelanca na balança do contrapeso. Na adolescência, o padrasto havia tentado violentá-la. Atuou movida, talvez, em lavar a honra de muitas - de forma extrema, pagou caro. Contudo, feminicídio tornou-se corriqueiro. A cada minuto homens matam as exs por ciúmes, motivos torpes. A indignação de Elize ultrapassou a condição de ciumenta, cobrou dignidade. A condenação veio confirmar o quanto o machismo é furioso. Doca Street, no primeiro julgamento saiu ileso, no segundo, foi condenado a 15 anos por matar Ângela Diniz. Crime que soube explorar a narrativa dos homens que matam por amor. Vide o *podcast Praia dos Ossos*. Imperdível. Primeiro formulamos o discurso, depois o encaixamos no crime. Como fazem os laboratórios - cria-se primeiro a doença, depois o remédio e divulgam. Exemplo cabal é o TDAH (transtorno de déficit de atenção e hiperatividade), um diagnóstico sem comprovação, mas o uso da ritalina, a droga da obediência, o sossega leão que muitas escolas orientam que seja receitado às crianças irritadiças, ansiosas, corre solto. Um crime ao viciá-las em medicamentos com tantas contraindicações. Não são crianças que estão hiperativas, mas a sociedade, famílias desassossegadas, ansiedade pululando no excesso de estímulos. Crianças sem direito ao seu tempo - ficar só, devaneios, fantasiar sem cobrança, controle. Circulamos em ambientes excitados, barulhentos, praças de alimentação, shoppings. Acordamos e logo ligamos a TV, vivemos aparelhados, imersos em ruídos, estressados. Na sociedade de mercado, relações e desejos são contaminados por estruturas econômicas que ordenam a produção dos afetos, atravessando os corpos e moralizando-os. Armas poderosas ao produzir clientes cativos, consumidores de drogas lícitas, geração tarja preta. Não pensamos com o racional, mas com a carga de afetos - corpos são espaços atravessados por desejos também compartilhados, contaminados pelo social. Afeto aqui não deve ser visto como sentimento, mas o que interfere em nossa psique, afeta nossa capacidade de agir. Por tudo isso, resistir é usar o corpo contra o que nos foi prescrito apenas por modismos. Sanha dos psicofármacos em lucrar cada vez mais. Melhor questionar, em alguns casos a medicação, necessária, fundamental, em outros, primo pelas palavras escapulidas ao sabor do inconsciente, potência capaz de desvendar incômodo difuso, recalcado, malfalado.

32

Gostamos de julgar, condenar e, sem analisar o contexto, atribuímos à pessoa a responsabilidade por um erro cultural. Muitos empresários encomendam serviço de GPs. Normal, o gozo deles é liberado, permitido. Elize precisava de dinheiro pra estudar, um direito perseguir o sonho de ser advogada. Esforço da garota do interior, família pobre, não foi considerado. A narrativa explorada foi da criminosa que matou bilionário pra enriquecer. Lugar comum pensar que, por trás de toda fortuna, há uma mulher querendo dar o golpe do baú. Nunca vejo questionarem a forma como empresas acumulam fortunas. Muitos os crimes provocados em nome de impérios, tampouco o debate sobre assédio às secretárias, quanto são oprimidas, exploradas. O rapaz pobre, de pouca escolaridade também é bem-vindo, quando a família avalia a favor da filha "encalhada". Políticos, mesmo casados, são fregueses assíduos de mulheres de programa, nunca o moralismo os atinge, o julgamento, no geral, tem sexo, cor e classe social - feminino, negro, pobre. Os crimes são desvendados conforme as sociedades se estruturam. Alma injustiçada na covardia adoece. Na mala que arrumei ao enfrentar a vida fora dos ditames da cultura patriarcal, levei a crença na literatura, história e psicanálise. Sem essas amigas, jamais teria sobrevivido aos solavancos, galgado o torreão, Olimpo dos sábios. Peguei boi pelo chifre ao conquistar, na tora, lugar de respeito. Dignidade moldada em livros, Eros apontava civilização. Queres água cristalina, limpa o riacho, fuja da poluição dos tirânicos. Aprendas a identificar sinais cifrados, casamentos que transbordam moralismos hipócritas. Se monogamia é absurdo, imposição descabida, reinvente outra forma de parceria. A fidelidade é frágil, não podemos fiar, empenhar em palavras a crença na estabilidade do que sempre foi instável, tampouco iludirmos com desculpas - enganadas com pompas de rainha. Cumprisses, gostamos de fazer vistas grossas aceitando esparadrapo na ferida da traição. Não se pode concordar que pague desrespeito com presentes - impossível aplacar covardia com bugigangas. Não se pune um corpo por desejar em outros domínios. Contamos com o benefício da separação, melhor que machucar com traição. Pecado é não assumir que o amor migrou, aceitar os desígnios do coração, desejo manifesto merece atenção. Ao romper contrato, sentimos devedores, bobagem, amor não se cobra. Não há traição quando se é fiel ao desejo, difícil é suportar dissimulação, desmentidos. Saia com louvor, honre o corpo que um dia te acalentou. Melhor aprender viajar na transfiguração, transição, sublimação. A vida oferece várias paixões, sabedoria ao circular holofote, expandir a condição humana. Tenebroso é suportar o machismo que cochila nas famílias, tornando o desrespeito trivial, negligenciando mal feito, banalizando leviandade, sustentando atos escusos. A convivência com a sombra da outra, amor secreto, disfarçado, torturante, dói mais que calo em sapato apertado. Todo amor tem seu tempo, não se trata de plano de metas. É raro a mulher que não é surpreendida com a sensação de enganada, excluída, iludida da corte. Como Elize, muitas, do alto da dor, sentem desejo de transformar em cadáver quem desdenhou, humilhou, fez picadinho de seu amor.

33

O espaço político é palco, por excelência, do masculino. Lugar em que, no Brasil, os coronéis usavam pra defender interesses de famílias, partidos, ambições pessoais. De lá pra cá, pouco mudou. As bancadas comandam negócios assassinos. É o masculino quem mais ocupa, com avidez, o poder. Lugar onde possam exercer perversidades sem ser incomodados, fórum privilegiado. Muitos exibem o falo com extravagância, disputam poder, dinheiro e mulheres gozando de impunidade, operando na perversão. A ostentação fálica exige posição social, visibilidade, imagem pública. Obesidade narcísica mórbida, espetáculo, louco por vaidade. Perversão é desdenhar da metáfora paterna. Desafiar a lei do pai - o que sustenta a interdição. Aquele que provoca e escarnece a lei pra melhor desfrutá-la. A política se estrutura em mecanismos de dominação. O líder é o que tudo pode – lugar do pai primevo, o que possuía todas as mulheres da horda, o único que gozava. Historicamente, as mulheres foram alijadas do poder, contra elas pesa o machismo. Cargos políticos exigem dedicação intensa quando há comprometimento. A nós, mulheres, conciliar casa, filhos e tribuna, massacre. A série dinamarquesa *Borgen* retrata a vida da Primeira Ministra, o dia a dia intenso no poder e na família. Borgen, o castelo - sede do governo da Dinamarca. A série se faz imperdível ao refletir o quanto precisamos avançar nos aspectos políticos, culturais. No final, o marido que ficou incumbido das tarefas domésticas, não suporta o tédio da rotina e pede separação. Quando é o homem, as esposas seguram a barra. Eles são livres pra governar, legislar, sem o temor da família se desestruturar. No Brasil, podemos contar com o apoio de serviçais, luxo inviável no primeiro mundo. Infelizmente conservamos resquícios escravocratas, empregadas domésticas, sintoma de incivilidade. Além das prerrogativas machistas, os perversos são seduzidos pelo poder por ser lugar onde atuam à revelia da ética, moral, contam com cumplicidade nas maracutaias, acordos espúrios. Contudo, os neuróticos que ainda possuem algum sentimento de responsabilidade, procuram cumprir a lei. "Dias depois disse-me todos os seus tédios e desfalecimentos, as amarguras, as raivas sopitadas; contou-me que a vida política era um tecido de invejas, despeitos, intrigas, perfídias, interesses, vaidades". Em *Memórias póstumas de Brás Cubas*, Machado de Assis coloca o dedo na ferida dos que tornam a política cenário de hipocrisia, falcatrua, ressentimentos. Coitado do brasileiro, pouco de democracia lhe foi permitido, nosso passado nos condena. Primeiro fomos oprimidos por Reis, Colonizadores, Coronéis, Ditadores. Agora, a pecha do comunismo retorna em discurso falacioso, sem consistência, com o objetivo de justificar perseguições - pretexto em nome da higienização social: puta, bandido, comunista, quilombola, maconheiro, macumbeiro, gay, lésbica, travesti, negro. Significantes que, ao orientar violência, exclusão, extermínio, todo esforço ao banir insubordinação. Triste fim de um país tropical que mergulhou num projeto neoliberal, totalitário, com a força de atentado fundamentalista, fascista.

34

Escrevo por acreditar que ainda precisamos falar dos equívocos culturais de nosso país. Eles se revelam no cotidiano, na linguagem, carecem de ser debatidos. Numa viagem ao Rio, véspera de ano novo, o ônibus à frente do nosso sofreu acidente ficando horas esperando socorro chegar, impedindo prosseguir viagem. Depois de um tempo, resolvo entender, descubro que há vários passageiros feridos agonizando sem socorro. Sugiro, revoltada, colocarem em nosso ônibus, levarmos ao hospital mais próximo, o que foi feito. Minha irmã e eu ajudamos remover os feridos, colocando-os no corredor, lugares vazios. Prioridade era prontificar atendimento médico rápido. Muitos reclamaram atraso, desconforto e perguntam: "vocês são enfermeiras"? Respondo: não, humanas. Quando chego à casa onde iria me hospedar, comemorar passagem de ano, descubro que não conseguia deixar de pensar nos feridos que transportei. Enquanto não retornei ao hospital, saber notícias, não sosseguei. Impossível curtir Réveillon diante de cenário de sofrimento. Alteridade - capacidade de se colocar no lugar do outro, sentimento que nos comove com a condição alheia. Importante apontar às crianças as adversidades da vida, momentos que nos exigem sensibilidade, ação. Outro exemplo que me tirou do prumo. Certa noite, ainda jovem e casada, fui surpreendida, pedidos de socorro. Acordamos na madrugada de sábado com a empregada, desesperada, avisando que a amiga que viera dormir com ela passava mal, hemorragia. A patroa, ao perceber que a empregada estava doente, deixou-a em casa e viajou, sequer fui comunicada. Sem saber, abrigávamos a garota que tentou se livrar da gravidez enfiando agulha de tricô no útero, sangrando dentro e fora. Corremos à maternidade. Às dez horas da manhã ligam avisando que falecera, infecção generalizada. O parceiro na aventura sequer ficou sabendo, como sempre acontece, banal. Tivemos que providenciar enterro, acompanhar o corpo até um sítio em Santa Luzia, cidadezinha próxima à Belo Horizonte. A mãe ficou sabendo junto ao caixão que entregamos no casebre, meio do mato – desespero desabando junto à chuva e lama. A patroa, avisada por telefone sobre a sorte da ex-funcionária, sequer se desculpou. Um pedaço de carne de segunda, barata. Mulheres arcam sozinhas com filho indesejado na barriga. E quando abortam, correm risco de ser condenadas ou morrer infectadas. As ricas abortam com segurança em clínicas particulares. Muitos homens, evangélicos, católicos, se dizem a favor da vida, contra aborto. Poucos se preocupam com o risco da companheira engravidar, tampouco se incomodam com as crianças na rua, morrendo de fome, frio, ou assassinadas em nome da manutenção da ordem. Aborto seguro e legal é uma forma de defender a vida da mãe, quando ela julga impossível ter o filho. Uma questão de saúde pública mais que justa. Cabe à mulher decidir sobre seu corpo e futuro. Abaixo a hipocrisia, moralismo capenga de falsos cristãos. Certa vez, conversando com uma obstetra do SUS (Serviço Único de Saúde), questiono a dificuldade da mulher ligar as trompas quando solicita, justifica que, por precaução, o serviço público evita fazer laqueadura, pois ela pode se arrepender depois. Questiono se não seria menos mal ela se arrepender de não ter tido o filho do que, o tendo e sem condições de criar, jogá-lo na rua. Confessa que se surpreendeu com a reflexão. Seria oportuno questionar por que cabe mais à mulher a responsabilidade em evitar gravidez. Poucos homens se dispõem submeter à vasectomia. Sendo ato que envolve os dois, até que ponto temos participação no traço cultural, desresponsabilizá-los pela concepção de filho e seguir assumindo, sozinhas, maternagem. Homem que não quer ter filho, ou cumprir com a função paterna, que faça vasectomia. Deveria ser simples assim, não?

35

A paternidade irresponsável urge ser melhor debatida. Uma sombra silenciosa, espinhosa, turva a questão. Muitos adoram fazer filho, mas dele cuidar, poucos. Tudo pode começar em casa e se espalhar pela sociedade na esteira do marido oprimindo mulher, irmão, irmã, patrão, funcionária. Arqueologia do machismo - difícil conduzir a narrativa da igualdade se aos homens ainda é facultado cuidar da casa, filhos. A mensagem que passamos é que são tarefas e responsabilidade feminina. Maternidade, paternidade, quatro mãos numa só causa. No Brasil, há muita mãe, pouco pai – avó, tia, madrasta, todas suprindo o lugar do pai. A microfísica da família há de ser revista, hora de abandonar metáforas, metonímias. Justiça a ser dividida entre panelas e fraldas. Perdoar o imperdoável gera maldade que pode se transformar em vingança, buceta raivosa. No período colonial, entregava-se o ouro e amargava-se a cava preta, pó e espoliação. Mexia-se, sozinhas, o caldeirão de ossos, restos de humilhação - histórias que devem se tornar apenas retrato em álbum de família. Esse papo deve ser tratado no superlativo, basta de mulher atravessar deserto no diminutivo. Não é justo adiarmos acerto de contas, continuar cultuando ressentimentos, culpando o outro por ele não se implicar reponsabilidades. "Eu falo, mas não resolve, é egoísta, pouco visita os filhos, eles sentem o abandono". Devemos ir às últimas consequências na luta por uma relação menos desigual e injusta com os filhos. Quantas crianças crescem sem conhecer o pai? "Minha filha foi na venda e viu um senhor parecido com ela e o irmão, saiu correndo, achou que era fantasma", confessou Jane. Depois de anos de sumiço, o pai dos filhos retorna desempregado, tentando encosto. Na pesquisa de projeto ao doutorado sobre violência entre jovens de classe média, colégio particular, bairro chique, ao entrevistar o aluno, pergunto qual era seu maior sonho, ele responde: "ter convivido mais com meu pai, eles se separaram e quando combinávamos de encontrar, ficava esperando, não aparecia, sabia que havia me trocado pela namorada, revoltava". Provável que o sujeito, diante da recusa do pai, internalize que vale pouco, imagem negativa; "meu pai não me ama" - autoestima baixa, posição submissa diante da vida. Omissão, culpa, desculpa não são transformadoras como a vergonha. Na vergonha, nos colocamos em questão implorando por saída honrosa. Já a culpa paralisa e devora, resseca o coração que nada diz, mas sabe que machucou, desrespeitou. Não se explique, se implique. Não devemos adular relações descompromissadas, negligentes, tampouco tolerar pouca cumplicidade. Bom lembrar que é dela que nascem os rebentos, portanto, merece ser bem avaliada. Sempre julguei absurdo um só orifício cumprir funções distintas - prazer sexual e concepção de filhos. Erro grave de engenharia humana.

36

Se queres ser reconhecida, tens que arrebatar, desenraizar do discurso que nos construíram. A vida não te ofertarás belas oportunidades, terás que as extrair. Muitos os absurdos impostos às mulheres em função da prevalência do masculino sobre o feminino. Urge a necessidade de fazer o recalcado retornar - ao dizer, algo desloca, desconstrói. Injusto, inadmissível silenciá-lo. Sempre as mulheres cuidando dos pais, filhos, quando doentes, suportamos todas as passagens do calvário bíblico, noites em claro. O discurso machista que querem nos impingir é vírus endêmico. Temos que ser fortes, ninguém respeita fracos. Fraca na determinação, fraca no poder financeiro. Não há lugar no feminismo sem conquistas, independência e poder econômico. Com dinheiro de marido poucas conseguem se lançar à própria sorte. Cabe reinventarmos outros processos de subjetivação do feminino. Muito já foi feito, contudo, o momento aponta sérios recuos. Com retórica autoritária, narrativas de pastores, políticos explorando pautas abusivas, criminosas, o moralismo se alastra, verdadeiro espetáculo obscurantista. O nome de Deus em vão tenta garantir à bancada da bíblia e do boi, privilégios - boiadeiros armados pela manutenção do poder, mão de obra análoga à escravidão, agrotóxicos, tudo liberado. Cada culto, um voto, alienado, manipulado, compra a salvação. A pressão pelo dízimo é obscena, vergonhosa. Nas famílias normais, tradição católica, machismo, racismo, rotina. Tragédia que desaba, prejudica multidão. A rivalidade entre as mulheres, não perdoa, joga o manto do ressentimento. Filhas, seja de doutor ou professor, não se intimidam em lançar ácido doce sobre a mulher do pai - a que, no momento, ocupa o lugar que outrora foi da mãe. Maldade, versão perversa descaracterizando a outra. Tentam impedir que desfrute do amor do pai, movida por capricho, ciúmes. Geralmente é a filha que não suporta a fantasia criada em relação à nova companheira do pai. Sente ameaçada ao supor que ele possa amar mais a atual, que um dia amou a mãe. Garota mimada, cresce presa ao romance dos pais, sofre e opera na maledicência, não foi educada na falta, pouco limite. Cria-se uma realidade psíquica, tudo ocorre no imaginário. Não aceita manchar a imagem internalizada do amor do pai à mãe, amor intocável, incomparável, redentor. Muita luta nos aguarda. Alguns pais, ao repensar posição machista, injusta, já atentaram pra questão, educam as filhas apontando importância em trabalhar melhor pulsões maléficas, desapegar do sentimento de posse, posição de vingança, inveja, torrão da condição humana. Assustador o crime que ocorreu em bairro nobre de Belo Horizonte. A mãe mata o filho ainda pequeno, depois se mata a facadas. Desconheço os detalhes, apenas que a ex-esposa não concordava com a separação do casal. Curioso que a tragédia ocorre num sábado pela manhã. Simbolicamente, é nos finais de semana que a falta acusa, de forma contundente, a ausência. Alguém está desfrutando de algo no meu lugar. Neste particular, ressalta-se o gozo da mulher em privar o ex de uma suposta felicidade junto à uma outra. Subtrair, intervir na alegria, possibilidade de prazer. Amar exige coragem, lugar de possíveis rejeições. Nem sempre a promessa na troca dos afetos, cumplicidade no laço amoroso, experiência enriquecedora de forte densidade erótica, se realiza. Rotina é lugar de deleite quando articulamos, juntos, fantasias, embora, ao ser exposta à finitude, corra riscos. Ataques infantilizados sempre nos espreitam diante de um amor demissionário. Quantos crimes o divã teria evitado, ao destilar sentimentos podres, maldade, efeitos de infelicidade. Ressentimento arde, narcisismo abre ruínas, entorpece, taquicardia. A vida amadurecida a dois exige tempo, paciência terna. Igual horta, regar, botar fé no solo, adular tempestade. Amor, melhor cozinhar em fogo baixo, lento, talvez um jeito bom de envelhecer. Um coça as costas do outro.

37

A mãe queria fazer da filha esperada, princesa. Depois de cinco partos e nenhuma vagina, era hora da estrela. Mas logo desistiu, a garotinha não estava de brincadeira. Vestido de organdi, nem pensar, espinhos são para plantas. Vendo que não se curvava, a mãe a faz de serviçal, ensinando-a, logo cedo, cozinhar. Sobe no banquinho, faz bolo, rala queijo, melado. Rapadura. Em cada movimento, sentimento de que um outro mundo aguardava, longe do sacrifício, abnegação, subtração. Cresço galgando degraus do abandono, uma menina bradada na solidão, muitos culhões pra mimar a flor do sertão. Segui mundo pensando na dor que sentia entre as pernas, pinicava. Como sanar tentação? Namorar, deixar a correnteza descer o Rio Grande, um mar que contornava a região, pura fruição feminina, água doce, dourada. Descobrir a delícia que o corpo nos impõe, não há outra opção. Vasculhar a dor do sexo que só se alivia quando arrebentamos a porta do paraíso, suspiramos êxtase, reviramos os olhos. A cama tem que transcender o suor dos lençóis. O gozo é de outra espécie, impossível nomeá-lo, prazer estranho, único, registro subjetivo. Buscava eros vida afora, fora do circuito amoroso - ser pouco Rosa Luxemburgo, Frida Kahlo. Idealizava amor como de Karl Marx, devoto: "Há muitas mulheres no mundo e algumas delas são belas. Mas onde é que eu podia encontrar um rosto em que cada traço, mesmo cada ruga, é uma lembrança das melhores e mais doces memórias da minha vida? Até as dores infinitas, as perdas irreparáveis... eu leio-as na tua doce fisionomia e a dor desaparece num beijo quando beijo a tua cara doce. Adeus, minha querida, beijo-te mil vezes da cabeça aos pés". Como merecer tamanha beleza embutida em coração revolucionário? Amor implicado ao mundo desorienta, arrasta tudo junto. Luta interna é também externa, revela compromisso com as demandas da vida pública, mirando as da vida privada. Queria entusiasmar com a batalha existencial, posicionamento político, afetivo. Ser gauche exige parceria com o corpo erótico. Vai, luta, descobre, descumpre, denuncia, mas não padece na covardia, conquista alforria, goza com tudo! Não podemos ser condescendentes com acaso, negligentes, aceitar felicidade ofuscada. Destino é roteiro que se constrói. Cabe a cada um refazer profecias, desafiar convenções, assumir o lugar de fundação. Tudo carece de revisão, pensar em distonia às premissas apregoadas como leis, notas promissoras. Sobre a condição feminina, o rojão é das mulheres. Homem não menstrua, não engravida, tampouco aborta, sequer tem cólicas alucinantes, útero berrando. Mulher sangra invisível, sofrimento imperceptível, feminino minimizado, desprezo institucionalizado. Nos reservaram o lugar de objeto funcional; casa, cama e hospital. Lavoura, mãos que colhem algodão, café, debulham milho, afeto. Fomos definidas séculos pelo olhar masculino, atravessadas por Interesses de esporas, confinadas em futuro suspeito. Sempre súditas, pouco rainhas. Condescendência indecente, omissão injusta, vulva oprimida. Mulher, assume o lugar de fala e se define. Quem sabe o que queres és tu. A festa macabra acabou, há fogo no canavial, fogueira de pecado, reinado arcaico. Ainda se alastram abusos nos cafezais, eles, sempre enfiando o pau assassino, matando sonhos femininos. Prazer roubado, suja lençol, levanta, navega mundos, não retorna. Direito secular prescreveu, nosso orgasmo, governamos. O que queres tu de mim? Fim da orgia no inferno, hierarquia sexual. É hora de refazer a lição, há erro no catecismo. Quem nunca enfiou agulha de tricô no útero pra se livrar de filho indevido, não pode ser contra aborto. Tampouco morreu em mesa de hospital infectado, carregando restos de um sexo maldito. Septicemia, o destino da vagina iludida embalada em sonhos de prazer, gozo e mel. Condenada ao leito mortífero, aborto, se pecado, dos dois, pesadelo pouco dividido. Até quando o destino do feminino, que recusa gravidez solitária, será cemitério, hospital, prisão? Hipocrisia que gera votos. Culto dos que rasgam bíblia, blasfêmia rentável. Enquanto ao masculino, bordel, motel, sexo reverenciado, trepada legitimada, descriminalizada. O pecado é um defeito feminino - vadia que abre as pernas indevidamente. Nunca o pênis intruso, atrevido, guloso em se livrar da porra impaciente. Advogados, juízes, senadores, vocês estão barrados, o fórum é das mulheres. Legislar sobre o corpo feminino, só quem carrega no bucho pedaço de carne mal concebido. Covardia não cria filho, tampouco vive na rua, no frio, desalento. Rebotalhos da desfaçatez. Frutos da cultura que solve a polpa e a abandona em lixões. Carniça, catinga. Queremos via láctea, noites exuberantes, estrelas cadentes, orgasmo correspondido. Não vale pressionar, tem que conquistar. Seja no conhaque ou cachaça, queremos transbordar juntos. Amor é cachoeira que despenca. Tesão irresponsável e covarde não está na lição. Esse assunto se repete igual na vida, homem gosta de se servir do feminino, estabelece relação a partir dele, poucos se dão ao trabalho de deter, em minutos, quem é essa mulher, o que ela deseja, como gosta de ser acariciada? A renúncia da mulher é um dado que cochila no inconsciente dos homens, eles penetram na relação julgando que portam nossa felicidade e a nós, cabe garantir todo o resto pra fazer a alegria dos sexos rolar. Bizarro! Eles poderiam nos fazer muito bem, para tanto, precisariam lembrar que o outro não é ele. É Ela!

38

Toda mulher quer ser objeto de desejo no desejo de um homem. O orgasmo é direito de todos. A linguagem dos sentimentos precisa expandir, escapulir do peito, desrecalcar. Viver sem um "eu te amo" deveria ser proibido. Não tentemos disfarçar, a maioria sonha com os corpos se banhando, suor erótico, alucinante. Gozo bem-sucedido berrando, contorcendo, assombro! Almas em arroubos, anseios, espasmos entorpecidos. Envelhecemos, ficamos viúvas, separamos, mesmo assim continuamos sonhando com mãos se movendo, corpos se abrindo, olhares e bocas em fúria rasgando fundo. Acordamos. Não abandonaremos a fantasia que nos redimem do amor perdido. Catarse, purificação. A moral cristã sacaneou com a mulher ao contaminar seu inconsciente e orientar o desejo com ideias de pecado, recato. Puta, mulher fácil, piranha. O olhar do poder sobre a mulher é cruel, capitalista, machista. Casar com homem rico, mesmo sem amor, pode, mas ganhar a vida trepando com homens imundos, sebosos em troca da sobrevivência, é coisa do demônio. A hipocrisia cristã condena a puta que vai pra cama com muitos e ganha pouco, e reverencia a madame que suporta o marido - orgasmo simulado em razão da boa remuneração. Condenamos a miséria, o pobre, o negro, não o sexo, estética da pobreza. Longe das convenções sociais, nosso fardo é histórico. Somos mensuradas por olhares de desprezo. Retórica da humilhação: louca, descontrolada, feia, gorda. Interessa debater machismo e racismo enquanto estruturantes do sujeito (do inconsciente). Trágico rodriguiano. Internalizamos o complexo de cachorras, vadias chutadas. Márcia Tiburi em *Complexo de vira-lata*, traça análise contundente da humilhação brasileira, impecável. "A humilhação tem a estrutura de um trauma na vida daqueles que a sofrem. Ela é uma experiência inapagável. Ao funcionar como uma lâmina que abre a carne, a humilhação se instaura como um fato indelével no interior do corpo-espírito humilhado". Como contrapor ao histórico da humilhada? Anatomia da supremacia masculina, a masoquista alimenta o sádico. Tortura psíquica, sofrimento não elaborado não serve a nada. Temos que nos refazer dos escombros, impor o feminino nas cenas públicas e recusar narrativas sexistas, aporofobia (preconceito ao pobre). Romper o psicopoder, lógica da apropriação indébita de corpos e mentes. Somos operadoras de significantes, a língua materna é fundante, seres de linguagem com potencial de transformação. Mãe, assuma o comando, resgate a lucidez, conecte o dever de instituir. Potencialize a capacidade de inserir, no campo da cultura e da política, afetos positivos, alegres. Pelos filhos, pelo Brasil, enterremos a retórica do ódio, competição sórdida, estratégia do capitalismo em se manter. Repensar o ideal do poderoso, culto ao capacitismo, pressionando por filhos bem-sucedidos, verdadeiras majestades. Quanto maior a expectativa dos pais, maior a ansiedade do sujeito. Autonomia, cidadania, responsabilidade, construir o caminho do meio. Despretensiosos, o filho não é exceção, deve caber na cova que cavoucaram, humilde latifúndio. Pare de prometer o paraíso, apenas lhe apresente a trilha, a conquista é com ele. Orgulho, vaidade e ostentação são posturas que insuflam o autoritarismo, melhor não regar canteiros do mal. Ao debater com os filhos a violência contra a mulher e outros abusos, interessante e promissor é assistirem filmes que possibilitam questionar narrativas preconceituosas. Indico: *Uma mulher fantástica*.

39

Mais que modernidade, o amor pós-moderno se desmancha na pós-verdade, desloca, revira - vida formatada na cultura do simulacro, espetáculo. Encontro que se inicia e se encerra em redes, aplicativos de relacionamentos - se tiver sorte e paciência, pode rolar coisa boa, vingar, embora os riscos sejam altos. A vida transmutada na tecnocultura, desejo pulverizado em imagens, lixo cibernético. Muitas ofertas, difícil se satisfazer entre tantas possibilidades de gozo. Mal sabem que o desejo é filho da falta, quero o que não tenho. Sofremos de excessos de estímulos artificiais - peitos e bundas boiam na fissura da entrega. Vitrines expõem à espera de gozo os candidatos da noite. Enjoa, deprime, enoja. Na disputa ansiosa pelo fervor da cama, corpos maquiados, imaginação industrializada. Fantasia que comanda e garante orgasmo se alimenta de outros recursos eróticos. Diante de apelos repetitivos, ela se constrange, retrai. Carece ser construída na penumbra, despojamento - o nu inteligente, envolvendo histórias secretas, íntimas, endoidece, tesão puro. Ingredientes imprescindíveis na elaboração da magia dos encontros. Diante das telas, holofotes, o quente fica frio. Sem pujança nos sentimentos, o sonho de noite romântica é subtraído. Desmistificaram em demasia o erotismo. O amor adoeceu. Ao retirar o véu da sedução, o enigma do toque, o cobrimos com frivolidades. Imediato, prático, banal. Amor que demora e faz morada não gosta de facilidades – efêmero. Destino decidido no teclado do mundo high-tech, amor virtual e suas vicissitudes, um caso a ser analisado. Talvez seja saudosismo babaca de quem viveu o tempo do amor elegante, espera ansiosa pelo correio. Nas férias, as cartas chegavam no caminhão de leite, depositadas na janela do quarto da fazenda. Deparar com aquele pedaço de papel amassado mudava o dia, alegria rasgando saudade contida. Coração aos pedaços, poema saltava esboçando piruetas de emoção. Na cidade, cabia às serenatas desvirginarem o corpo amortecido, inundando com avidez a espera. Chegavam com *Modinha* e, num sonho pequenino, acolhíamos comovidas, a rosa na janela. Caralho! Ver nascer, crescer e vingar o mais puro desejo é da ordem do delírio. Lembro bem dele chegar com buquê de flores e, no cartão: "Obrigado por você existir". Desconheço forma mais eficaz de fazer o feminino derramar, molhar, melhor que de carro importado chegar! Deixa qualquer um doido, cabeça bambeia e razão recupera até esperança na política.

40

Ao fazer a defesa da psicanálise, importa apontar como tudo poderia ser diferente caso fosse convocada. Seja na vida dos casais, interpretando conflitos, ou esfera profissional, política, cultural. Médicos, juízes, professores, poetas, todos deveriam incluir a psicanálise em suas reflexões. Muitos crimes, prejuízos seriam evitados se analisados, esmiuçados. Os homens de ternos escuros não gostam de intromissão. Se o incômodo existencial fosse submetido à análise, deitasse em divã e deslizasse na cadeia de significantes, teríamos menos drogarias, mais livrarias e prisões mais vazias. Os detentos seriam conduzidos à tratamentos psíquicos - terapia ocupacional, oficina, trabalho. A redução dos crimes se daria pela forma como o condenado seria ouvido, entrevistado. Antes do crime, são seres em processo. Uma escuta preventiva evitaria tragédias. Ninguém nasce delinquente, sujeitos passam ao ato e operam desconhecendo sintomas. Difícil escolher ser criminoso, perverso por deleite, muita história familiar precisa ser decifrada, não julgada no escuro. Culpar, responsabilizar o outro, condenar sem investigar o passado, a lama que o envolveu, formatou, é cruel. O castigo machuca o corpo por dentro e por fora, mas não o torna melhor. O desamparo marca a alma, imprime abandono, violência gera vingança. Duro suportar o fardo da vida crepuscular quando tudo se transforma em noite escura. A dor que pulsa pode matar ou deixar morrer. "Estátuas e cofres, e paredes pintadas, ninguém sabe o que aconteceu, ela se jogou da janela do quinto andar, nada é fácil de entender". Legião urbana, na música *Pais e Filhos*, coloca o dedo na ferida, suportar a frustração diante do mundo que cultua ganhos financeiros, desestimula a experiência do próprio, seu momento, suas escolhas. Onde é a saída? O sucesso triunfal e almejado dos pais tem empurrado muitos jovens à morte. Obsessão pela perfeição é ingrata, o tempo do fracasso há de ser respeitado. Aprender a perder, abandonar o ideal de vida fetichizada na lógica do mercado, saber existir fora dos imperativos categóricos, perseguir um estilo de vida à revelia do que lhe impõe, assumindo o que lhe agrada, apazigua. O outro não pode fazer eco, invadir, desorientar, a escolha profissional deve ser respeitada. Quando o filho é capturado pelos pais, abre-se um abismo. Braços que prendem, vozes que ressoam. Menino que cresce no excesso de controle, ou mimo, bolha familiar sem poder respirar, sem interdição, maldição. Meu espaço, minha vida, meu desejo, bens inalienáveis. Excesso de cuidado ou ausência de lei, no deserto busca-se a saída. Sem metáfora paterna, opera-se na perversão, transgredindo o proibido. Barbárie, empurrar à morte, sintoma, grito desnorteado. Difícil impor limites quando a hora venceu, a cultura da permissividade não perdoa. Tantos os garotos do asfalto, como os da favela devem ser limitados em pulsões descabidas, barrados em ações fora da lei. Sem isso, quem irá pagar a conta junto à polícia, com certeza serão os filhos, filhas da omissão paterna, materna. Sem luto, sem processo jurídico, vive-se a higienização escrota, limpeza pela via de execução sumária. Culpa é coisa de neuróticos, arrepender não muda o curso dos fatos. Devemos rever a educação dos filhos oferecendo escuta aos sintomas, rico ou pobre, ele precisa falar, não precisa agradar ninguém, apenas não adoecer, seja por excesso ou falta de pais. Como desviá-los do projeto genocida de governo assassino que se aproveita de desculpas ao eliminar negro, pobre - o diferente na paisagem elitista? Firmes, precisos, a bala foca quem merece viver ou morrer. O infrator é o outro que circula fora do cardápio eugenista, não merece ser assimilado, tratado. Perdão implica integração, trabalhar contradições, conflitos. Na bala, ao puxar o gatilho, solução rápida. Ao optar pelo extermínio despreza-se histórias, destinos diabólicos. Se queres desvendar os motivos do crime, delinquência, depressão, suicídio, crise existencial, investigue sótãos, mergulha na parte maldita, ambivalência da alma, genealogia do mal. Vasculhe a descida ao despenhadeiro.

41

Para Freud, o desamparo é a tragédia do homem moderno. Morte simbólica de Deus. Narcisismo aflorado desestabiliza vida coletiva, princípio organizador do espaço público. Prevalência do privado sobre o público comprometeu a *civilité*. Primeiro, o processo civilizatório expulsou o homem da horda, desapropriou-o de sua essência. Quando não havia mais sujeito, apenas carcaça alienada, dessubstancializada, investiram no seu emburrecimento. Pós-pensamento crítico, movimento de retrocesso que surge na esteira neoliberal, arrastando resquícios do mundo pré-moderno – negacionismo, teorias conspiratórias, *fake news*, descrença na ciência. A sociedade do espetáculo e do entretenimento expulsaram a arte do caminho, enquanto a cultura de massa, com raras exceções, exacerbou pobreza simbólica, esvaziando-a de pujança metafórica. O espetáculo, ao se transformar em mercadoria, se impôs como agenciador do capitalismo, forma de garantir domínio sobre os corpos. Desrespeitou a elegância, a crise na estética abalou a nobreza dos símbolos, a língua da boa arte. Transformou o ato da contemplação na pressa do simulacro, viva o pastiche! A assimilação do belo é processo, quando o feio se torna bonito. O bom gosto requer formação, ao simplificar tudo, acaba nos conduzindo ao estupor, na cultura, na política. É função do artista articular o sujeito ao transcendente. Vivemos a morte da autoria, hoje, arremedos, na concretude da tela, morre tentativa original. Mitologia, literatura, orientam o sujeito às metáforas, códigos, atavismos. A presença da arte insere-o no sentido simbólico, conferindo densidade. A intervenção é digerida aos poucos, cada dia, museu, livraria: escultura, pintura, livros. Hoje, muita responsabilidade na mão do *YouTuber*. Libera-se sem contorno, menção honrosa, muita avacalhação, forma ousada de legitimar a indecência. Mario de Andrade em *Ode ao burguês*, desabafa: "Eu insulto o burguês! O burguês-níquel... eu insulto as aristocracias, cautelosas...". Apontou o trágico que rondava o Brasil, o eurocentrismo que a Semana de Arte de 1922 tentou combater. Antropofagia, Abaporu, Macunaíma, nossa cor, nossa miséria, na figura do anti-herói, símbolos da resistência colonialista - buscava-se redesenhar a identidade brasileira, distanciar da exuberante Europa. Profecia modernista apontou necessidade urgente em debruçarmos sobre a cultura nacional. Descompromissada e sem envergadura ética, a elite branca foi denunciada em sua *Paulicéia desvairada*. Pouco mudamos, passamos verniz no puteiro, repaginamos o prostíbulo. Trocamos Paris por Miami. Racismo, machismo, desigualdade social, peças de um mesmo projeto de nação. O tesão do brasileiro está na manutenção das diferenças. Andar de metrô em Milão, chique, no Brasil, coisa de pobre. Na igualdade, narcisismo perde o brilho. Gozamos com o lugar de privilegiados, lustramos as latrinas que sustentam o preconceito. Não lutamos por direitos, mas pela sensação afrodisíaca do poder, obesidade narcísica, gozo dos abastados. Brasília, cenário por excelência de perversão. O perverso desdenha da lei, busca um lugar em que possa desafiá-la com garantia de impunidade. Paira no ar erotismo criminoso - euforia dos políticos pelo erário. Cabaré que acolhe rachadinhas, negociação *offshore*, *lawfare*, mortes banais, milicianas. Quem matou Marielle? Festival de pecados com hino nacional, suruba regada à bandeira brasileira, paraísos fiscais. Assumimos a pulsão de morte. Nosso problema, antes de ser econômico, é psíquico. Governar, missão que nunca se finda, sempre a ser repensada, analisada.

42

Nasci em terras paulistas, mas foi em Minas que me tornei mulher. Junto às obras de Aleijadinho, cometi o pecado, depositei a crença no prazer feminino, me desfiz da mentira, casamento não é nenhum presente à mulher. Refiz a promessa em práticas de trocas honestas, orgasmo justo, sacro. Profano é estupro, mulher é barroca, anjos, arcanjos. Acordes e arranjos que saem de órgãos renascentistas, rezar ou profanar. Montanhas de Minas, úteros que acolhem aspirações, peculiaridades femininas inconfundíveis, infinitas. Corpo côncavo, concha, orifícios que entorpecem - espetáculo de encantos, graça. Caraças, Lavras Novas, Lapinha - chão abençoado que recebe êxtases de braços abertos. Sempre haverá em Minas lugar pra iniciar vida de sedução, renovar fetiche, encher de entusiasmo o balaio da boa perdição. Entre poetas, esculpimos primeiro a alma. Aqui, o machismo se disfarça no doce de leite, queijo canastra, meio doce, meio salgado. Em terra de pouco progresso, amor se mistura menos com dinheiro. Desconfiado, não precisa disfarçar, o comando vem dos sinos. Nas Igrejas, oram pra Deus orientar, cada balada, um mistério. Mineiro é pouco arrojado, cultura artesanal, fiam juntos confiança e honestidade. Culto às finanças, ambição tímida chega devagar. O cartão de crédito demora às cabeças fixar, ainda muita novena a cumprir. Debaixo do colchão, segredos coloniais, passado duvidoso. Só os homens lentos apreciam a vida passar, gostamos de admirar. Deus mineiro, pagão, não nos defendeu do pior. Não se engane, em todo lugar há praga, cresce e gruda igual ferrugem. Vida de enfrentar leões, aqui ou Dinamarca. Contudo, Minas é lugar de muita novena mariana evocando falsa santidade, histórias de santos de pau oco, precisavam esconder o ouro. Prática boa, habituamos na discrição, intimidade não é coisa de se escancarar. Busca-se o cerne, interioridade. Fiquei obcecada em construir, com talento de escultora, o singular no feminino. Descobrir essência, substância que sai das entranhas. Maria é nome suspeito, plural. Mulher precisa de lugar próprio, expandir o Um. Marias são muitas: cantora, escritora, professora. Toda Maria tem uma mãe. Muitas criam filhas pra casar, outras pra explorar. Tiranas, nos fazem de gata borralheira. Fora as obrigações da casa, o lugar é na escuridade. Fala alto senão ninguém te escuta! Mulher resolve aflição nos livros, remédio aos desaforos, desacorçoos. Biblioteca pública, descoberta que mudou minha vida, caminhar sob o calor paulista, subidas e descidas, todavia, propósito garantido. Dinheiro de fazendeiro compra boi, terras, não sobra pra futilidades. Literatura é lugar de perdição, precisava garantir leis próprias, desconstruir falácias, ultrapassar profecias, registros parentais. Território reacionário seca até fé no futuro. "Essa menina parece homem, precisa aprender a ser dócil, delicada, vive irada". Praga, eco de irmão. Nasci de ruínas, lugar instituído em valor monetário. Palavra sem letra inteligente abre cratera, corrosão em fúria cospe raiva, rancor. Estruturada na injustiça malévola, cunhada em domínios hostis, agressivos, meu vulcão, verdadeira erupção. Misoginia se confundia com ambrosia, tudo comia, ninguém demonstrava falta de apetite. Mulher, destino satânico, maldição, pode virar solução. Missão era libertar as chagas, virar vida do avesso. Desfazer nós, deixar purgar, secar feridas da insubmissão, seguir na insubordinação. A gente gostava mesmo era de sexo com sintonia, embalado em sinfonia.

43

Cheguei na cidade atravessada de sertão. Córregos, cachoeiras, paineiras. Desde pequena procurava minha grota. Mulher carrega abismos profundos, se não falados, ouvidos, enlouquecem. Cabeça feminina é batucada noite toda, barulho, ressonância de alma. No embornal, desde quando abandonei terras longínquas, carregava a crença no mundo das letras. Queria gozar com os parágrafos, rotas que orientam, desorientam. Cada qual sustenta suas veredas, sabedoria arcaica, verdade amoitada em pastos. Viver é embrenhar, várzeas, invernadas. Misturamos desejo de mulher com mania de família, desvendamos outros mundos. Em Minas, aprendi gostar mais do MST (Movimento dos Sem Terra) que do agronegócio. Um segue cartilha de boiadeiro, muita pompa, outro vasculha injustiça rural, racial, patrimonial. Roubos de terras abandonadas, improdutivas, prática antiga. Sei de político que se apossou de muitas fazendas, histórias suspeitas - rico apropria, pobre invade e morre. Uma lei pra quem anda de fuzil, outra de facão. Coronel, enxada e opressão. Cacos de violência, estupros guardados igual joias embrulhados em veludo vermelho. Sangue e cheiro de palha queimada, fumaça no paiol, vestígios de pecado, incêndio. O fogo sai pela cueca, na roça o medo é estado puro, tosco. Adquirimos coragem, atravessamos córregos. Ao trabalhar com as mãos, fazemos o caminho de dentro, esburacado, irregular, torto. Trabalhar só com a cabeça esfria a alma. A vida que escolhemos desde pequena, aprendemos a gostar, aventura humana moldada na convicção.

Cada dia, uma intuição, fantasia arada em terra adubada é loucura vitoriosa. No tanque se ensaboava contradições: capitalismo, racismo, machismo. O desejo de mudar tudo esticamos nos varais. A roupa limpa no armário não nos protege de invasões, maldade de homem. Quase sempre histórias de meninas, abusos, beneplácito de parentes, não respeitam fragilidade cor de rosa. Mulher é coisa pra macho, danação pra vida toda, ser fraca é proibido, tem que ser Maria Bonita, Lampião, fé e contestação. Mulher que acoberta sacanagem de homem, seja marido ou irmão, deve ir pra prisão. Se não denunciar, nunca vai acabar, poder se constrói com identidade na mão. Saí do sertão acreditando encontrar intensidade, cumplicidade, olhava pro asfalto, prédios, altura, cimento frio, duro. Precisava sarar do vazio, curar divisões. Enquanto carros passavam, urrava dentro, esperança rancorosa, náufraga do consumo estruturado no modismo. Dialética e filosofia, preciso de vocês, nada transcendia. Arranha-céus, galerias não se moviam, o charme das vitrines pouco valia. Ar parado, respiração ofegante, abundância, tédio, tonteira, enjoos. Corpo desinvestido, desperdiçado, mente em rebuliço. Terra árida, sentimento oco, padecia em chão de mármore. Avenidas, mansões em paisagem de pouca sombra, crepúsculo cinza, faltava nuvens, sentido, candura, todo dia sol do meio dia. Felicidade falida dominava festas mórbidas, muito barulho e só silêncio. Não sentia fome, desinteresse. Atordoada, aos berros, miolos desidratados, aflição. Precisava perseguir pulsão, vasculhar outros horizontes, desbravar novas grotas, brejos - desatolar a vaca, buscar emancipação. Assim foi não por acaso, nas veredas de Guimarães. O céu estava Rosa, pôr do sol, modernismo despontava em Minas, técnicas tradicionais do romance se rompiam. Na estrada de Cordisburgo, Sagarana, literatura em revolução. Profecia consumada, ruptura e apaziguamento, saga enfrentada. Sem ilusão e temor de encarar calvários, arrumei malas, superei maldição. Questão não é ganhar ou perder, apenas inventar a própria sina, intuir o hino de fé no feminino. Uma Maria entre tantas, cheia de graça, indecência. Santidade duvidosa, sem véu, desvelada. Pecados todos têm, família é lugar de injustiça. Quando muitos filhos, o amor é pouco, não dá a todos. Faltam olhares, gestos. Mãe gosta de dar mais amor ao filho homem. Mulher na roça tem que se virar com amor dos animais, admirava galinha, alegre, histérica, defendia pinto com braveza determinada. Já porco, preguiçoso, sujo e lamacento. Cavalo, macho elegante, nasceu pra conquistar, crista alta igual homem, conquista só de chegar e olhar. Até dói.

44

Com a magia dos rios no peito e rachaduras na alma, escrevia pra desatormentar solidão em curso. Vivia, meio à multidão, ausência de companhia. A cidade conspirava contra, angústia, hóspede constante. Em cada esquina, mal-estar fincava. Aguardava voo ontológico. Encantada com as palavras, sonhava com a união das letras e dos corpos. Trazia cacos de religião cozidos no fogo dos afetos, alquimia de família. Desvendava prazer ao picar tomate, vermelho da paixão desconhecida. Promovia viagens catárticas, entrava em transe, molhava toda só de imaginar. Um sentimento que só divindade feminina identifica, prazer bordado em cores sacramentadas no imaginário do orgasmo - quem poderia ter inventado tamanha beleza? Arrepios emanados em um só sentir, desconfiava do prenúncio do amor, toda plenitude tem seus limites. Vivia sensações ambivalentes, sonhava com sexo molhando a alma, um do outro, na cama, no macio, serenidade sobrando. Queria lamber existência, escrever com letras moles e duras, perfumadas e malcheirosas. Cada frase que ouvia, desastre interno. No rádio da cozinha, toda tarde era hora da novela. O sertão parava, tudo no forno queimava. Mal sabia que as ilusões emitidas pelas ondas curtas me sairiam caras, noites longas, decepção - o marido preferia dormir cedo a se aventurar no sabor dos corpos. Solidão amarga, assim fui aprendendo as tramas do amor, jogo escuro. Pra berrar dentro de prazer, há de se pensar impetuosidades atordoantes. Saciar tudo aos pés de lareiras no Sul de Minas. Devorava *Revista Geográfica*, lia com o mesmo erotismo que ia pra cama, distraia imaginando adentrar enigmas. Podia ser acampada, desde que banhados, jorrando tesão nas águas. Tocar juntos emoções à luz do despropósito, necessito de penumbra ao habitar cavernas, corações. Belezas secretas, afinidades imprevisíveis. Muitos preferem comprar que sentir e gostar, ficava bamba de tanto sentir. Alguns sentimentos refrescam a alma, faz chover entre pernas, outros queimam, ardor infernal. São histórias que abastecem, transportam sonhos aos lugares, confere sabor às vivências. Impressões, traços que se fixam com candura ou amargura. Sem isso, seria banalizar respiração, viver em vão. Porão, poeira, pó de arroz. Memória exige registro, lugar onde depositamos o profundo. Ela pode salvar vidas, influenciar destinos, alterar trajetórias. Descobri o Museu da Pessoa, histórias armazenadas, exposições virtuais. Espaço da subjetividade onde a protagonista é a intimidade, boa forma de estudar sociologia, psicologia. Desalienar, não idealizar a condição humana. Toda pessoa é um baú de sentimentos de várias ordens. Experiências compartilhadas que consolam, aproximam - sofrimento ou prazer. Estudar, pesquisar, ser útil à humanidade doando análise de dados, democratizando qualidade de vida. Mestrado, doutorado, só se for pra restituir saber às comunidades. A maioria vai, recolhe histórias, processa resultados, se apodera dos frutos da pesquisa e nada devolvem. Vidas torturadas na injustiça, feridas que merecem ser reconhecidas, gerar políticas públicas. Alegria é poder criar condições de acolher a dor do injustiçado, evitando tragédias, doenças. Descobrir felicidade na generosidade, alteridade - quando tocamos a vontade de cuidar, compartilhar saber, prática em conquistar sonhos. Desde pequena gostava de ensinar, brincar de professora. Depois do jantar convidava as empregadas, sempre duas - o que era copa, em sala de aula se transformava. Lia poesia, ouvia histórias de abusos e outros absurdos. Uma negra, outra branca – desrespeito, descaso e violência permeavam. Dilacerada, difícil dormir, alma sangrava - rezava, chorava. Minha salvação, outra opção era com as amigas de miss fantasiar, desfile com júri, troféu. Talvez buscasse em Minas cumplicidade socialista, um jeito de aplacar a culpa por ter chegado ao mundo no berço da propriedade privada. Sou filha de toda lama que cerca a classe dominante, contudo, tentei transformar excremento em ouro. Desvendar contradições, crimes sociais, raciais. A sociedade de mercado e consumo exacerbado dificultam rupturas nos empurrando à superfície do mundo, desviando do que realmente importa. O sonho de transformação me derrotou, vejo que lutamos, mas o carro da desigualdade retrocedeu, deu ré. Cansada em assistir governos progressistas afundarem em golpes sujos. Morremos na praia com Juscelino, João Goulart, e mais recente, a extrema-direita varreu o que de melhor havíamos conquistado. Outro golpe nos atingiu, um atentado contra políticas públicas regado em caldo machista destituiu a presidenta Dilma Rousseff - 2016. País do atraso forjado no fogo da ambição reacionária, preconceituosa.

45

"Impossível compor um poema a essa altura da humanidade... Os homens não melhoraram, e mataram como percevejos... Os heroicos renascem, inábil, o mundo é cada vez mais habitado". Drummond, no poema *O sobrevivente*, lamenta o mundo de sua época, máquinas complicadas pra necessidades simples. Para fumar um charuto, aperta-se um botão. Se hoje vivesse e se os olhos reaprendessem a chorar, seria um segundo dilúvio. Que dizer da falta de sensibilidade, habilidade do homem atual ao habitar a terra, rios, florestas? As cidades choram os entulhos, lixões, mares de plásticos boiando sobre nossa insensatez, seres sem cidadania. Sorte de Drummond não estar aqui e assistir à banalização da vida. Tempo sombrio devorando o pouco de humanidade que nos restou. O vínculo entre humanos é eletrônico, não há mais vida fora das telas. Os poetas, ao denunciarem estragos lamentando a morte da República (coisa pública), morrerão roucos. Esse livro não tem pretensão de salvação, no máximo, reflexão. Precisamos falar um pouco da guerra contra os bons sentimentos, vida que segue em sentido invertido. Há de nos protegermos dos equívocos, estamos por um fio, ética e estética sumiram dos cronogramas, planilhas federais. Há várias formas de viver, mas a que mais agrada aos poetas, homens de almas lubrificadas, é a vida que se olha dentro, composição de sinfonias próprias. "Eu adoro papo vertical, olho no olho faz tudo desabar", confessou amiga de dias confidenciais. Nas relações mediadas por máquinas, sem o contato interpessoal, busca-se excitação artificial, emoção banal. A tristeza é frouxa, demissionária da paixão. Precisamos ler mais os poetas, pois "sem rima, nem metro, no ritmo do suspiro, do gemido, dialoguei com a morte". Cyro dos Anjos, nesse fragmento de poema, confirma que, sem poesia, estamos condenados ao diálogo fúnebre. Sem ciência, sem paixão, que tenhamos ilusão. Quiçá religião. A arte é refúgio dos sábios. Sem ela e sem o exercício da boa política, afetos alegres, difícil levantar da cama. Necropolítica, gozo mórbido embalado na retórica do mal disseminaram narrativas suspeitas, expandiram terror, tirania do medo. Estratégia fascista, o pânico é rentável, interessa aos vendedores de proteção, sensação de segurança. A única segurança possível é caminhar sobre o que somos, fusão entre ser e crer. Ao circular na subjetividade, possibilita-se o encontro - o eu se desloca e abre brechas às manifestações do inconsciente, é quando o sujeito esparrama e abandona a aridez da vida objetiva. Importante treinar os filhos no brincar, amar e poetar, o ato de brincar é mais importante que o objeto, algo foge do controle e, na ludicidade, laços enlaçam, emitem significantes - o ser se revela e faz poesia. Diante de tanta riqueza simbólica, recusam o gabinete do ódio e ressentidos. Ao incorporar a crença no que é nosso, primamos por nossa matéria-prima, reverenciemos o fora e o dentro - montanhas de minério, cavas, rejeitos. Mortes, lama, solidão. Cada vagão, um milhão - de suor, sangue. Tudo em vão. Melhor educar as crianças valorizando o jogo dos afetos, o valor de cada jazida. Descobrir como extrair da pedra bruta, alegria, esculpindo interioridades.

46

A descoberta do próprio no feminino é complexa, difere do masculino. O homem nasce com ele no meio das pernas, o significante da fantasia fálica, virilidade protegida entre duas bolas. À mulher, cabe construir um porto seguro. Desconfie de quem te faz desacreditar da importância de reinventar outras estratégias, construir ética própria. Qual lugar queres existir? A questão de Maria é também de Pedro, Antônio, João. O feminismo deve convocar o masculino para, juntos, investigar nosso mal-estar, ele precisa abrir espaço às nossas inquietações, sem apelar, ameaçar. Quero falar da dificuldade das mulheres em saber lidar com angústias, ansiedades, depressão. Nem sempre sentimos cumplicidade nos tormentos, nos vemos sozinhas, poucos parceiros escutam o que não vai bem. Depois do primeiro namoro prolongado, resolvo casar, até hoje não lembro de ter me perguntado se era mesmo aquele o meu desejo. Todos ansiavam por ele, menos eu. Minha mãe articulou noivado. Coisa simples, mas suficiente pra sair de lá zonza, início de longa depressão. Na cabeça existia tudo, jovem querendo algures, menos vida de casada. Era outubro e no final do ano me formaria, mas queria cursar outra faculdade, fazer História na UFMG, trabalhar. Acabei fazendo vestibular escondida de todos, em seguida, casei. A angústia começou a melhorar após confirmar matrícula que só se realizou dois anos depois - o marido julgava melhor que não voltasse a estudar. Tive que esperar, por dentro, tudo estourar. Certo dia, acordei, falei: ou vou viver como quero, ou não vou viver! Lembro bem daquele papel amarelo, o recibo de meu futuro no céu. O casamento, sabe Deus, mas o sonho garanti. Contudo, tive que passar por toda situação sozinha, tamanha a falta de coragem em confessar, ao noivo e aos pais, todo sofrimento, avisar que o pensamento estava em outro lugar. Temia casa desabar. Relato isso não para culpá-los, mas registrar a cultura do descaso aos anseios femininos, muitas vezes, os escondemos pra não espalhar o clima na sala de jantar, azedar o suflê, atrapalhar planos, futuro e marido. Favas, sonhos não se negociam. Ao não enfrentar o conflito, adoecemos, o corpo berra. A cultura da época, 1977, não comportava espaço pra crises existenciais, desejos destampados fora do lugar. Acredito que, até hoje, essa dificuldade permanece entre muitas relações. Casei tendo certeza que não era aquilo que queria. Anos depois, separamos. Comunico aos meus pais quando já divorciada, evitar ataques da mãe: "casamento implica mortificação". Associar amor com morte é um atentado à felicidade. Muita mulher amarga relação abusiva que já morreu, por medo, pressão ou falta de força em virar a mesa. Diante da perda do amor, há de se saber comportar, tanto o feminino como o masculino, renunciando desejo de vingança, disputa sórdida. Mães, por favor, ensinem melhor os rebentos a amar, fracassar, perder. Conviver, conversar, argumentar. Se interessarem mais, conhecer melhor o desejo alheio. O que quer uma mulher? Reconhecimento, consideração, escuta. Lembrar que mulher não é mãe. Convencê-lo de que, diante da separação, não é o filho dela que foi destituído do lugar de amor primordial, fundante e insubstituível. Apenas o marido que foi demitido do posto de esposo. Chega de matar as ex. Muitos entram na relação com fantasia erótica de amor imortal, imutável. No fundo, morre de medo de perder, não conviveu com olhar crítico, analítico. Poucos desconfiam de sua ilusão de completude, que ela possa derrapar. Quem cresce na falta aprende desde cedo a lutar. Se atreve e arrisca o quinhão que o mundo lhe negou. Ousadia é feminina, se nascemos com o não, só nos resta arriscar o sim. Não devemos nos intimidar diante do que não nos deram, conquistemos. Revendo diferenças que conferem valor maior a eles, enfrentando o mito que muitas famílias cultuam. "O que você faz pro meu filho comer, coitado, trabalha tanto, chega cansado, ainda quer que ajude"? Tanta modernidade não foi suficiente pra equilibrar a realidade doméstica. O bife continua fritando em mãos femininas. Ironia. Nos arruínam, depois flores no dia das mães, chocolates no dia da mulher. Expressão hipócrita de um afeto antipático, convenções sociais nojentas - quando assumimos algo em desacordo, fora dos padrões, olhares punitivos atravessam nos julgando vulgares. Vulgar é sempre a mulher, os rituais servem pra esconder incômodos, desavenças, mal-estares. Fodam-se. Amor é sentimento universal, deveria ser respeitado como bem coletivo. Fazer gozar é função social, não pode ser visto como benefício individual. Muitos desfrutam. Se um não sente prazer, a raiva vai junto pro trabalho, família. Todos unidos pelo gozo alheio, se na fome da cama corpos se entregam em ganância generosa, cabe aos outros reverenciar escolhas, epifania das calcinhas começa com tolerância, respeito à parceria. Recusemos a guerra, discurso idiotizado, falas venenosas: "foi ela quem o afastou da casa dos pais, a mãe dele não a perdoa". O gozo requer harmonia, ser dois no tempo do amor, sexo justo. Mesmo sabendo que é raro a mulher que traz o fantasma de um outro pra dentro de casa, devemos nos contrapor à pedagogia da vingança. Gozamos do mesmo direito em assumir, sem culpa, outras relações. Ciúme humilhado deve ser tratado, importante reescrever rabiscos amorosos, esboços de circunstâncias. Dar oportunidade ao dolorido falar, berrar, rascunho serve pra ser passado a limpo. Vida contraditória escorrega, subverte ordens. Ao reivindicar dignidade, mesmo que lírica ou rebelde, adquire-se poder. Mulher, opõe-se ao mundo patriarcal e sem moral, recusa carregar a mesma arcada dos antepassados. O pensamento longo expande, mira conserto, emenda. No esgarçamento do tecido afetivo, esfiapado, poucos conseguem unir retalhos, vale cada remendo. Acho que queria escrever uma ode ao desejo de amar e ser feliz, a despeito de tudo, todos. Trágico é amor acovardado.

47

Minas, terra devastada. Tratores, máquinas, caminhões. Trem lotado, só minério. Buracos, lavras estouradas, dinamites, montanhas estupradas. O Pico do Cauê sumiu, a cachoeira da Jangada desaba lama. O Córrego do Feijão inunda rejeitos. E a cava transborda crime! O minério que matou muitos ainda reluz na alma dos estúpidos, descuido que compensa. A Vale e seus vulcões de ferro traçam futuro morto, pestilento. É o Brasil das grandes proporções, de muitas riquezas escoando entre plantações - soja, cana, etanol, boiada. Grãos, exportação. Na mesa do povo falta pão, feijão. Montanhas e jazidas, destino agrário, mineral. Lucro dos ricos, miséria dos despossuídos. Crime silencioso, sem autoria comanda cabeças de negócios, define que pó vale mais que sangue vivo, quente no corpo do trabalhador, o despossuído. Desabamento, desmatamento, exploração geológica, crise hídrica, tragédia, chão de chumbo.

Drummond, o itabirano confidenciou: "Por isso sou triste, orgulhoso: de ferro. Noventa por cento de ferro nas calçadas. Oitenta por cento de ferro nas almas...Itabira é apenas uma fotografia na parede. Mas como dói". Aqui, ainda lugar de mando, vive-se a profecia de Manuel Bandeira, tendo a mulher que quer, na cama e na terra que escolheram. Minas, feminina, sua memória reverbera - sinos, órgãos, serestas. Toadas e rezas. Os homens de pedra não obedecem seus sinais, chegam, furam tudo. Bravos, desbravam, cavam. Igual quando tocam, embriagados, corpo de mulher. A carne, enternecida, anseia ser aliviada. O gozo feminino é oculto, se esconde em fendas, hiatos. Há de encontrá-lo, escavar o Pico do Itacolomi e, na Serra da Canastra, encharcá-lo de prazer. Nada pode ser dinamitado, com devoção, ser vasculhado, tarefa de longa duração. A comichão dos corpos femininos assusta antidemocráticos, positivistas, controladores. O machismo surge pra conter chamas, algo precisa barrar, criminalizar desejo destrambelhado. Logo cedo ensina desprezar prazer do corpo quando bem desembrulhado, investigado sob o olhar do amor. O pudor das mulheres opera oprimindo, adoecendo, inibição que pode levar à loucura. Outrora, o coronel controlava curral eleitoral, precisava garantir votos, eleição do padrinho político. Na cama, mucamas, o gozo da madrugada, asseverado, corpos negros violentados nos dedos do poder garantia a manutenção da casa grande. Clientelismo defendia benefício, latifúndio e se apropriava da carne alheia. Orgasmo, asfalto, energia. Benfeitorias. A luz na época era para poucos. Cada enxada, um voto. Quando nasci, a corrupção já era senhora idosa. Desbocada, destemida, requisitada, mulher de muito grã-fino. O coronelismo transferiu prática do agronegócio pro domicílio, lar, extensão do curral. Boi no laço, cavalo no cabresto, mulher no chicote. Sem pecado, padecia em pés cruéis, botinas e fivelas. Opressão deveria ser coisa antiga, sacanagem enterrada, pomares adubados, estrume. Pecado, omissão sem confissão. Mentira, saga de família, merda de animal seca. Amor bruto, corrupto, estupro, rouba dentro, suga esperança. "Cinco homens deflorando a inexperiência e a solidão do meu corpo...de quem seria a paternidade construída sob o signo da violência"? Conceição Evaristo em *Insubmissas lágrimas de mulheres* nos entorpecem com dor, exclusão, vulnerabilidade, devastação. Não boto fé em bota, chapéu largo, sorriso fácil. Prefiro moço de violão no braço. E Caymmi, reconhecendo: *Vida De negro é difícil.* Como queria que tudo fosse apenas passado morto.

48

Menina que cresce em ambiente de macho fica adulta logo. O mundo viril exige determinação, pensamento feminino não pode fraquejar. O coração, pouca manifestação, amor e dor, tudo misturado, sentimento coagulado, prosa curta, constrangimento. Pouco jeito com as palavras, sensibilidade escondida. Quando o irmão se queimou, era fogueira de São João. Ajudei, cuidei dele, cada ferida, um carinho. Queria que a força do amor fosse maior que a do fogo. Naquele momento senti que me tornava adulta. O sofrimento é que molda a gente, a dor abre avenidas na alma e deixa espaço pra adentrar, construir na loucura de dentro olhar diferente sobre o mundo. Foi quando descobri que viver era encarar, peitar uma luta mais que de classe, de *place* (lugar). A vida nos força mudar de posição, sair do lugar de garota indefesa e construir envergadura, coragem moral pra enfrentar tigres, ataques. Fui educada pra decoração, enfeitar casa, morada da espera afetiva, promessa que amor chegue regando tudo. Mesmo com vontade de flores na janela, descubro que antes devemos varrer as escadas. Há dias que melhor é fechar, esperar o luto do amor que se foi, passar. Tento decifrar choro feminino, pânico com cara de dilaceração. Compomos o enigma, falta desconstruir o destino. Choramos no escuro o que não rendeu e que nos levaram, difícil fazer amor durar. Quando fecha a porta, tudo endurece, enfurece respiração, emoção. O olhar parado apoia mãos rígidas, perdidas. Andar duro, pesado, sem rumo, movido a soquinhos. Cada empurrão na alma, uma perna que se desloca, procura lugar no futuro - sofrimento absoluto. Amor é fugaz, como o inconsciente, bicho que não se enjaula e, se negado, quase sempre é tortura. Eles sempre encontram substitutas pro nosso gostar. Quando vão de convicção, levam tudo, sequer esquecem faísca de retorno, só breu. Quando o amor vai no silêncio, a dor fica, ferroa qual punhal, derrete rochedos. Mágoa do abandonado, abissal, expectativa é de sobrevida - vida, por ora, suspensa. A força rala tenta se iludir, coragem em gotas. Tudo se desmanchou num telefonema, o fantasma da separação apareceu, deu o recado. Azar, melhor não contestar, amor cobrado não vale, obedecemos. Depois é só acertos de contas mal resolvidas, desafiar a frágil condição de enganada. A separação perverte a lógica do amor, que chega já indo, esse dia sempre aparece. Não queira traduzir intermitência, irracionalidade. O ir e vir do amor é o lado duro da existência, o caldo frio de solver. Não há saída, é picada que se abre hoje e se fecha amanhã - no trágico ou no riso, embalamos despedidas sofridas, malditas. Ganhar ou perder, jogo macabro, reserva o ressentimento pro espumante com amiga. Mas agora, resolvi falar desse amor que se foi. Escavar a cova. Cansei do silêncio que se impôs entre nós. Essa noite sonhei com você, acordei, roguei a Deus pra voltar, era lá que queria ficar transbordando, revivendo segundos. Caminhávamos entre amigos, era noite, eu mais à frente e, de repente, você me chama: Maria, o Atlético ganhou! E veio ao meu encontro. Parados, olhares se fixam, meu corpo inclina ao seu, lábios se esbarram, um quase beijo escapole, logo contido. Olhei, seu rosto meigo suplicava, estarrecida, falo: é, nós não conseguimos. Acordada, difícil foi tomar ducha de água, realidade. Não há perdão. Poucos conseguem espremer amor até última gota, exalar tudo sem pingar vestígios. Não consegui tal façanha, fazer do amor aventura obstinada, saio devorada, desnutrida no meio de restos - de tudo fica um pouco. Sei que não deveria te escrever, interromper a distância, mas esse sonho deixou escapulir tudo, o amor pelo seu time, o lamento por ser tão difícil seguir só, via única. Não ter conseguido te apagar da memória que retorna e surpreende com apelos, códigos de prazer. Importa é que deixei evaporar algum sentimento, sem isso a vida é um doce fel. Apenas queria registrar que, embora separados, algo tortura, tormenta, desobedece, invade evidenciando a felicidade que vivemos, dá sinais, faz ferver tudo. É bom, não queria viver num corpo morto. Não se afobe não, essa sanha há de passar, ela já foi pra já, quando nosso tempo de *Futuros amantes* chegava, amável. Na voz de Chico, desabo. Amor é isso, bom e ruim misturado. Vai embora, ameaça voltar, enigma que promove gozo e desespero, orgasmo e loucura. Quero muito e deixa disso.

49

A menina veio com a família da fazenda pra cidade vestida de sertão. A mãe quem fazia os vestidos, figurino próprio. "Desce, mandou o pai". O colégio de freiras, imenso, um mar uniforme descortinou diante da guria. Primeiro dia de aula da vida jogada às barricadas religiosas, malévolas. Ali estudava a nata da cidade, excrementos boiando na fantasia fálica de dominação. Somos melhores, brancos, ricos, bonitos - burguesia indecente. A garotinha destoava, marcha da caipira ao santuário da arrogância. Socorro! Os primeiros passos rumo à desigualdade, campeã no racismo, machismo. A madre superiora, diretora, não perdoava. Cultivava simpatia às alunas de maior poder financeiro, expunha a céu aberto, preferência. Trocava nomes, sempre os mais proferidos, alunas que lhe garantia maior benefício. Pai engenheiro, um sorriso a mais. Outro médico, dois afagos. Aos pais de pouca fortuna, indiferença. Às crianças de família menos ilustrada, tensão, desrespeito. Ao cantar o hino nacional pela primeira vez, a madre me puxou e avisou: "você não precisa cantar, desafinada". *Bullying* é, também, coisa de religiosos! Até hoje não canto nem em banheiro. Nenhuma criança negra passeava por aqueles pátios, a irmandade reverenciava classes abastadas. Aluna que vislumbrava outro mundo, longe da corrida pelos primeiros lugares, desolação. Ser *gauche* no interior de São Paulo não é fácil, contradição, sofrer na pele atos preconceituosos, lugar de opressão torturante. Iniciava olhar sobre a construção da miséria humana e não me sentia bem. Em solo sagrado, desvendava pecado, pouco entendia, buscava espiritualidade, não competição. Caminhando distraída nos pensamentos, encostei no futuro, não gostei, não identificava traços de felicidade. O sentimento de inadequação do ser com o espaço que transita, eterna dor de barriga. Espasmos. O ventre não estava livre, armazenava gases em seu interior. A prisão da alma manifestava no estômago. Vivia doente, nariz entupido, nada fluía - rinite, gastrite, o corpo berrava, sintomatizava, precisava cair fora. Agarra o primeiro bonde, trem, o que seja, aqui subjaz futuro cruel, causa perdida. As adversidades eram de várias ordens, a competição entranhada entre primos, irmãos, vizinhos, fatal! Metal duro, blocos de fofocas. Autoestima rebaixada, estratégias sórdidas, disputas obscenas. Assédio sexual, moral. Moça feita é sempre alvo de parente abelhudo, gosta de desafiar perigo. Cresci entregue à própria sorte, ou aprendia a ser briguenta, ou sucumbia. Trago o tom de voz de quem teve que se impor, enfrentar tudo sozinha - altivez, autonomia, autenticidade, autoexpressão. Aprendi a investir contra atos escrotos, perversos com o feminino. Normal nos agarrarem e, depois, sem constrangimento, disfarçarem no silêncio. O perverso se constrói na convivência com os pais ou com quem o educa. Sem ser interditado em suas pulsões descabidas, cresce sem limites. Julga que o mundo lhe deve, está sempre agindo fora da lei. O escolhido por Deus pode tudo. Narcisismo escancarado perverte a ordem, corrompe, deprava. A perversão, grosso modo, é a manutenção da sexualidade infantil na vida adulta. A face perversa, de várias formas, sem os ajustes da função paterna, materna, sempre nos espreita. A criança mimada, quando não submetida às broncas dos pais, evitando contrariá-la, cresce desafiando leis. Confusão que se inicia na trama edípica acusa perturbação entre papéis, contornos sexuais. "A mamãe é minha, eu quem durmo com ela". Com o enfraquecimento da autoridade as regras vão pro espaço, potencializam impulsos maliciosos que circulam pelos porões, garagens, banheiros das boas famílias. Todo o efeito de uma educação equivocada desaba sobre nós, vítimas de pais e mães omissas, machistas que resistem castrar seus varões. Homens de varas compridas, peito entufado, fantasia de poderoso. O desencontro afetivo e sexual marca a vida de quem não cresceu na frustração, deflagrando dificuldade na entrega, trocas e carícias.

Criança alguma se autoeduca, amor e limite em dose certa. Há várias formas de se operar com a interdição, que pode ser pelo olhar, desviando a atenção, importante é sustentar a castração, barrar o sujeito em seus excessos. Na hora de educar, saibas coibir, não hesites contrariá-lo em seus caprichos, aberrações. Evitará sofrimentos, crimes, países devastados, feminicídios, estupros, turismo sexual envolvendo menores ou aproveitando da vulnerabilidade feminina. Lembrando Hélio Pellegrino: "Pacto edípico, pacto social" – um garante o outro.

50

Política e psicanálise, dois significantes edificantes. Um promete organizar a vida em sociedade, trabalha dimensão social, cultural. Outro atua na esfera individual, orienta neuroses, trata destemperos, traumas. Sempre teremos patologias da falta ou do excesso. A vida individual, contaminada pelo social é face da mesma moeda. Entender o Brasil é missão hercúlea; complexo de inferioridade, entreguismo, injustiça, nepotismo, descaso com o espaço público, meio ambiente. Demovemos muito fácil de lutar pela verdade, aprendemos a nos iludir, avacalhar. Da servidão voluntária à dialética do senhor e escravo, muito esforço no campo progressivo tem sido feito pra que esse traço se rompa. Encontrar o fio da teia cultural, rever enredos de uma política perversa que atravessou mares, oceanos e, por aqui, tenta se eternizar. O brasileiro, ao abrir mão de perseguir um futuro próprio, recusa o lugar que a mitologia lhe ofereceu. Ulisses abandonou o conforto, lugar que a tradição lhe garantia e se jogou ao mar em busca de si mesmo. Cabral e outros, como Ulisses, metaforizam o homem moderno que persegue o desejo. Mesmo que de forma escusa, colonizando e oprimindo. Ser moderno é partir em busca de satisfação própria, se afirmar e ser reconhecido pelos feitos. Somos escravos de descobertas alheias, acostumamos caminhar sob comando de outros, dependentes, autonomia embaçada. Cambaleamos, claudicamos, não querem que fabriquemos nossas próprias vacinas, importamos o ego dos gigantes. Nos preferem órfãos, mendigos, inimigos de nós mesmos.

Furaram nossos barcos, viciaram as crianças com bugigangas, ensinando-as a se encantar com o vazio. Antes era pau-brasil, hoje, Jacarandá, sem lei, jogado ao mar, contrabando, filho legítimo da mata estuprada. Gostamos do brilho, mas entregamos o ouro. Amazônia, terra devastada de um povo maltratado. As caravanas haverão de ser refazer e não mais partir. O sangue lateja, vermelho é nossa cor preferida. Fundante, terra de madeira rubra, corante escarlate. Quando seremos a nação ciosa de nobreza, soberania, deixaremos de ser a puta que garantia gozo ao pirata, promovia lambança na cama dos que aqui desembarcavam? "De tudo que é negro torto, do mangue, do cais, do porto, ela já foi namorada. O seu corpo é dos errantes, dos cegos, dos retirantes... dá-se assim desde menina, na garagem, na cantina". Chico, em sua irreverente *Geni y El Zepelin*, ilustra com primor nosso passado, aventura colonial tem que ser apagada, nova organização psíquica e política deverá se articular. Não nos interessam o que fizeram de nossas riquezas, mas o que faremos dos cacos, rebotalhos aqui deixados. O futuro é refúgio onde o passado é revisto, memória, lugar de redenção, proteção contra pecados induzidos. Somos filhos de pais omissos, nossa educação foi duvidosa, corromperam nosso inconsciente. Manipularam nossa fé – índios, escravos, serviçais da ambição alheia. As senzalas não abrigavam bibliotecas, só corpos em decomposição subjetiva, física. Ao nos julgar, seja condescendente, pouco nos ofereceram além de correntes, açoites. Sem oportunidade, impossível sobrepor racismo, confinamento. Guetos no sul-américa. O Brasil fará sua catarse, um divã está em nossa agenda. Um anjo me avisou: "ele quer se implicar, recusar o destino de trapaceado, burlado". Não podemos continuar exibindo nossa versão falsificada, arremedo de nós mesmos. Exploração de classe, gênero e raça. Chega de desculpas, precisamos tratar melhor nosso povo, recusar condição de negativos sociais - empregada doméstica, lixeiro, invisibilidade fétida. Pobre sofre, assujeita, finge que engole ingratidão, devastação. Contudo, estão aprendendo a denunciar a condição de opressão, o quarto de despejo abre chagas, berra a catinga dos patrões. Pecamos e beijamos mãos, terços, bíblias. Culpar ancestrais, atavismos sem fazer travessia, ultrapassar fantasmas, hipocrisia. Condenar herança luso-brasileira, coroa de segunda categoria, justificar desigualdade social e racial sem implicação, paralisa, envergonha e adoece. Pega o que nos deixaram e melhore.

51

Se a chuva cair e o milho vingar, a festa de quinze anos poderá se confirmar, assegurou o pai. Estratégia dos irmãos ao garantir festa às namoradas, dançar de rosto colado, pernas entrelaçadas. Na época os recursos às preliminares sexuais eram escassos. Jovens, desejo sexual exalando, empoçando, tempestade libidinal, queremos muito!! Todos interessados em explorar tradição sem sentido. Primeiros passos da moça rumo à vida social, covil dos hipócritas. Forma que a pequena burguesia inventou ao fomentar bailes, vender ternos, vestidos longos. Boas orquestras, repertórios a lá Ray Conniff e Frank Sinatra eternizavam o *My Way*, garantiam sucesso da noite. Não podemos desprezar o charme elegante dos encontros entre iguais. Clube decorado, gente bem vestida, carros enfeitando avenida. Desfile de perfumes exóticos, rostos manipulados, desejos maquiados em decotes ousados. Se esquecêssemos o que rola por trás do indiscreto charme da burguesia, até que seria um programão. À aniversariante, pouco importava debutar ou festejar, nada justificava. Preferia viajar - não conheço Buenos Aires, tampouco Londres, Paris. Sim, esse era o meu jeito. Pro pai, tanto fazia, desde que lavouras estivessem salvas. Aliás, grande crítico de modismos. Certa vez, estreando vestido, reprovou; cor berrante, horrível. Tentei argumentar, cor da moda, verde limão. "Já te disse, moda é escravidão". Dinheiro de fazendeiro, parcimônia, nunca chega à família em abundância, sempre falta às coisas importantes. Livros, viagens, cresci no significante "economizar", verbo transitivo direto mirando prejuízos. Seca, desculpas sacramentando avisos, gastos extraordinários. O discurso, boletim do ministério da agricultura, tabela, preços - boi, saca de arroz, galão de leite. No almoço a lavoura fraquejou, deu praga no café, o leite raleou. Festa é desmesura, natal é reza, todo ano tem, come-se apenas melhor. Exagero, pra que tanta farofa se a leitoa não dá pra todos? Espírito socialista ou cultura da austeridade? Vida de fazendeiro é plantar pé de boi, colher fé no queijo, criar filhos na temperança financeira. Mentalidade de botina, metafísica de curral. O livro de contas, números e lucros nunca ficava à vista das mulheres. Sempre eles decidindo partilha da colheita. O consumo haveria de ser controlado com foco no pasto, um boi a mais. Presente de aniversário, criança ganhava galinha, porca, bezerro. Conforme a idade, animal mais valorizado. Um dia ganhei uma vaca, *Oferta*. Sempre pedia ao pai pra visitá-la no curral, indagava querendo notícias - morreu, vendeu? Cresci e nunca vi o dinheiro. Mas a emoção dele ter me ofertado, agraciado com algo que a ele era precioso, perdurou. Amor de pai é superlativo, significa muita coisa. Não há escassez na dedicação quando o gostar é verdadeiro, queria corresponder com empenho. Logo com treze anos, matriculei no corte e costura. Depois, num delírio da mãe, passei vergonha tentando piano, violão, inglês. De tudo tentei, na maioria fracassei. Bom era varar madrugada com livro na cara. Pai reclamava, hora de apagar luz - sem livros, noite escura, sem saída, economia porca. Onde já se viu dono de boiada regular conta de energia? Um boi, anos de leitura. Mulher nasce desafiando. "Duvido que você arrume namorado", reforçou o irmão. O pretendente, estudante de medicina, talvez julgasse estar além ao que a irmã merecia. As mulheres sempre são mensuradas, aos olhos machistas, por baixo. Da força à violência, a casa era um ringue, rinha de machos. Elogios, nem pensar, só porrada - passar rasteira, descascar mandioquinha, o braço sofria a contração, torce pra lá, torce pra cá. A mãe, vistas grossas. Cansada de ser a cobiçada de pancadas, reagia, cadeira voava - franca demonstração feminina contra agressão. Esse reinado está com dias contados, não serei mortificada, guardada em gaveta de heroína, melhor encarar. Pé fora de casa, mala feita, esperança recheada. Outra vida hei de inventar. Nasci sem maquiagem na cama dos pais, sem hospital e médico, a parteira chegou de trator, trago a fúria do sertão. Namorei, casei, separei, mas nunca mais apanhei. Seja. O que você conquista, ninguém tira. Estuda, o que lembras és teu. Tenha! Dignidade, garra, profissão. E bocado de dinheiro pra garantir decisão. Mulher fraca é farinha de pilão, leva soco todo sempre. Feia ou bonita, branca ou negra, todas querem consideração. Muito chão ainda pra atingir equidade, merecer quadro de honra entre bigodudos, galeria da desfaçatez. Tanto no casamento quanto no campo intelectual e literário, o cenário é de exclusão, se for mulher e negra, esquece condecoração. Carolina de Jesus, Elisa Lucinda, Conceição Evaristo, Lélia Gonzales, entre tantas, dificilmente sentarão nas poltronas aveludadas da Academia Brasileira de Letras, junto ao coronel José Sarney. Vale a pose e o tamanho do bigode, magnânimo.

52

Vivi muitos amores que não avançaram. Emperrou, amor sempre encrava. Poucos homens debruçam sobre a alma humana, desvendam as infinitas fontes de saber, sabor, corpo cobiçado é o físico, biológico, não o erógeno. Acredito que se pais, mães, ensinassem filho a falar do amor, se despir de conceitos equivocados, facilitaria as relações. A maioria aprende a valorizar traição, desrespeito, normalizar abusos. Muitos traem por trair, não passa por suas cabeças perguntar se a mulher concorda em ser mais uma entre outras. Quando é de comum acordo, nada a reparar, questão do casal. O que não podemos é seguir cultura sem questionar, avaliar se estamos felizes com a lógica desleal, desconsideração. Com quem aprendemos ser preconceituosos, moralistas? Numa festa, cercada por mães, comenta-se sobre um garoto, filho de amiga que apresentava comprometimento cognitivo. Logo tentam relevar: "ainda bem que não é homossexualidade, tenho pavor de *gay*". O caldo cultural do preconceito, muitas vezes, entra em nossas casas e é pouco criticado, debatido. Urge romper a bolha, nesse particular, sugiro o filme *Valentina*, as agruras da adolescente *trans* numa cidade do interior. Comum sermos lgbtfóbicos, sexistas, misóginos, racistas. Até no amor, poucos assumem, se retraem, reprimem. Não se atualiza, não se questiona e ainda condena a guria que circula em dia com seu tesão, entusiasmo sexual, pecado mortal não assumir. Quando estamos amando, logo queremos derramar um "eu te amo" sobre o autor da paixão. Efusão! Nada intelectual, amar é danação, brota dentro e sai igual cão no cio. "Me escuta, porra"! O machista é um frouxo, demissionário do amor. Ressente, sente duas vezes - ressentido por não ser atendido em seu capricho. Conta outra, amor é enfeite da alma, não joga pra competição. Banalizar o empenho do outro deveria ser pecado, surfar na desonestidade, brilho embaçado, desejo barrado. Não desliza, nem entra todo, empaca na soleira. "Meu marido lutou contra a ditadura militar; na rua, revolucionário, em casa, egoísta, desleal", reclamou a amiga. Denunciou o macho acomodado, corpo morto ao reinventar outras grotas, gozar de boca cheia, óculos banalizando falta de comprometimento com felicidade. Distopia. Magoada ao se sentir explorada pelo comunista fajuto, desiste da união. Decepção, postura leviana do companheiro - socializa cerveja, cachaça com torresmo, panelas nunca são seu alvo. Indignada, solta os cachorros, veio desabafar, coisa que mulher mais faz. Entremeada pelo feminino, eterna afeição, dedicação à casa, sempre arrumada, mãos de seda, não acostumou com avacalhação do marido. De pouca beleza doméstica, a permanência masculina, ao eternizar na exterioridade, acaba fomentando amor entre bocejos, brocha mesmo! Quando é inibição, constrangimento no manejo, ajudamos. Doença de alma mesquinha, preguiça, trabalhão - respeitamos o futebol deles, dificilmente o gol é a nosso favor. Espero que consigamos, um dia, juntos, debulhar a espiga da convivência, cada palha, questão revista - tropeçamos. Importante abrir o paiol da vida afetiva, só assim deixaremos de ser depósito de amor náufrago. Contudo, não queira esgotar sentimento, amar é causa sem fim, nunca cessa de se inscrever. Muitas vezes, ou o matamos ou ele nos consome! Não acredito em amor pronto, é caminhada de mãos dadas. Há de haver entusiasmo na partilha do pão - erótico é construção.

53

Joana e eu fomos morar juntas perto da Faculdade de filosofia e ciências humanas da UFMG (Fafich). Ainda cursando faculdade, quando saíamos pra paquerar, ouvíamos vozes recomendando casamento, igreja, grinalda. Tua mãe te desafiava: "quero ver você arrumar homem pra subir ao altar, pra outras coisas é fácil". Tudo que queríamos era viver paixões livres, sem cheque a receber ou passar. Casamento/negócio é fria. Frio. Longe de cumprirmos o plano de metas das famílias, brincávamos com o cotidiano, de noite, catar feijão, lavar roupa. Ritual de muitos risos, o bom humor integrava à casa, sonhávamos com felicidade embriagada. Queríamos transportar a euforia sacramentada na rotina feminina à vida de casal, projetávamos um amor com cara de desbunde aos moldes do Pasquim. Lembro quando chuveiro estragava, pia entupia, Joana, sempre espirituosa, dizia: "o primeiro bombeiro ou eletricista que me pedir em casamento, eu caso". Duas mulheres sem tempo na manutenção da casa, a ocupação com *Eros e Civilização* nos tomavam por inteiras. O marxismo era infinitamente superior ao sacolão. O almoço era um socorro, sem couve, macarrão e feijão engorda, mas era solução. Sempre a fome de livro maior que de bife. Duas mulheres ansiando engolir retórica feminista, revolucionária, numa só tacada. O namorado cobiçado, de preferência torturado, preso e libertado, chumbo na perna e alma. Metralhado por dentro, entorpecido por fora. Dava medo, mas arriscávamos, afinal, resistência até no afeto. Corríamos perigo - madrugada expulsando ex-guerrilheiro da cama em surto, trauma de tortura fixa igual piche, estraga sentimentos. A ordem era reinventar futuro distante da tendência classe média, senso comum. Droga, sexo, rock and roll não era fácil. Areia demais frente aos modestos ideais de esquerda. Nosso combate era com cerveja, conhaque Dreher, poesia. Suficiente pra embalar, refazer cabeças determinadas, objetivo era articular pensamento crítico, organizar ideias fora do lugar. Hoje tem Marilena Chauí, Francisco Weffort, depois Maria Rita Kehl, Florestan Fernandes. As palestras pululavam, refazíamos narrativas ultrapassadas, protegíamos da caretice do mundo. A busca era incendiária, trocávamos tudo por Eros, guardião do desejo. Os poetas são andarilhos das palavras, e nós, loucas transeuntes desafiando tédio, banalidades da tradição mineira. O insuportável lugar comum, mesmice - impulsionadas, inconformadas e enfurecidas diante da truculência, moralismo despropositado, petrificado, desrespeitoso. Tenho grande admiração por essa geração, pagaram preço alto pela volta do irmão do Henfil. Democracia e tesão, palavras de ordem nos muros, botecos. Aceitação e conformismo disponibilizam o sujeito à morte. E tudo que queríamos era transar com o lado interessante da vida. Joana sempre dizia: "devemos nos tornar mulheres interessantes e recusar, não fazer vistas grossas à amor ruim". Esse o caminho, seguimos. Adauto Novaes e seus arautos do mundo intelectual nos apontou *Os Sentidos da Paixão*. Lá fomos nós, confesso que sinto saudade dessa época. Militância audaciosa, charmosa, defeito de mulher ser saudosista. Cultuávamos filmes de arte, ratazanas de cine clubes. Fassbinder, Buñuel, Bergman. No teatro, Ibsen e sua Casa de bonecas. Frederico Garcia Lorca e *A casa de Bernarda Alba*. Arte, engajamento político, projeto era dar salto à cultura, bom combate! Ultrapassar o autoritarismo ditatorial, conquistar independência financeira, intelectual. Sedução e literatura, ingredientes que não podiam faltar em cama feminista. Tínhamos pânico de polícia, censura, tortura e caretice. Já dizia Leila Diniz, desbunde é coisa séria, conteste repressão e corrupção. Com coração na boca, caminhávamos no risco madrugadas adentro. O guarda da esquina, as abordagens inusitadas à procura do baseado entre livros, o vizinho moralista e invejoso que vigiava quando chegávamos, tentando controlar nossos orgasmos. Anatomia do estupor machista, mulher que luta pelo prazer é vulgar, logo condenada. Erámos destemidas, circulávamos de cabeças erguidas, aguerridas. No fundo, havia a iminência da tragédia anunciada. Jornal Nacional: Lamarca, Marighela, o terror que ainda sangrava nos porões. Destroços. Corpos e ideais consumidos em fornos, carvão. Incinerava-se almas rebeldes, espetáculo com cadáveres jovens, mortes clandestinas. Zé Mata Machado, Rubens Paiva, Vladimir Herzog, carnes disponíveis aos militares. Desaparecidos, roteiro macabro. Anistia. Fernando Gabeira, solto na negociata do sequestro do embaixador dos Estados Unidos, retorna. Estreia na praia de Ipanema tanga colorida. A política migra das barricadas e luta armada pro corpo. *O que é isso, companheiro?* Até hoje não sabemos. Marcelo Rubens Paiva (filho) lança *Feliz Ano Velho*, Brasil ferve. Na cultura e política a ordem era desrepressão. Nova proposta amorosa, o mundo desabava sobre nossos pés. Com tesão e pílula, íamos até ao Vietnã comemorar o fim da guerra. Queríamos o impossível - abaixo machismo, chauvinismo, individualismo burguês. Paradigma estapafúrdio haveria de ser derrubado, total indisposição à cultura do narcisismo, posturas obscurantistas. Famílias contaminadas pela superindústria do imaginário autoritário que mantinha ditadura viva, enclausurando democracia. *Ditadura nunca mais*, com o livro no peito, enfrentávamos polícia, injustiça, reverenciando espaços na busca por vida inteligente, triunfante! Hoje, saudade destroçada na dura realidade.

54

Joana saiu da casa dos pais pra morarmos juntas. Eu queria companhia, coragem ao separar do marido rico, filho de fazendeiro. Que fazer? Com a cartilha de sociologia na cabeça, impossível compactuar com a lógica do Capital. Denunciávamos exploração da mão de obra assalariada - boia-fria no campo, operários nas montadoras do ABC. São Bernardo e as greves organizadas pelo presidente do sindicato, Luís Inácio da Silva, o Lula, eram emblemáticas na luta pelos direitos trabalhistas. Ao descobrir que riqueza é consequência de trabalho gerado pelo desapropriado do seu meio de produção, que se vê obrigado vender ao patrão, força de trabalho não pago, lucro, tornou-se impossível conciliar. Revoltadas, julgávamos capazes de mudar lógica burguesa, perversa, injusta. Ou sustentávamos as apostilhas que devorávamos sobre conflitos entre Capital x Trabalho, ou enlouquecíamos. Livros como *Tudo bem*, de Arnaldo Jabor, latejava qual catecismo - e as contradições de classe? O curso de História, rito de passagem, me conduzia à encruzilhada, entreposto - lado direito, marido, capitalismo, esquerdo, socialismo, mais-valia, feminismo. Joana cursava jornalismo, a velha Fafich borbulhava, subir a rampa era participar do ritual de deificação, divinização à revolução, apoteose que se prolongava nas reuniões, campanha pela anistia. Delirávamos, esbanjávamos afetos alegres. Entorpecidas pela causa, ensaiávamos protestos no Olimpo da esquerda. Dia e noite, sempre tempo de fafichar. Ordem era honrar consciência marxista. Levávamos a sério as pregações, ao me separar, recusei grande parte de meus direitos, feminismo ecoava, até o juiz não acreditou: "a senhora ficou louca, se arrepender, me procura". Não sou incapaz, dinheiro bom é o que conquistamos. Muitas madrugadas, no frio, pontos de ônibus, oito anos até comprar um fusca. Julgo ter exagerado ao rezar a cartilha feminista da época, recusar dinheiro justo de marido. Radicalizei! Juntas, quase penúria, tentávamos nos virar. Uma visitava a irmã casada, melhor aquinhoada, salvava nossa geladeira. Uma batata, um tomate, cebola e naco de alho. Pô, Joana, não dá pra pegar pelo menos duas de cada espécie? "Melhor pouco que descobrirem o tímido furto". Socializar a despensa da irmã estava liberado por pouco tempo, logo seríamos profissionais. A meta era ser professora de história, aceitava qualquer substituição. Ainda sem formar, não podia exigir, iniciava-se numa escola e logo demitida, diretor chamava pra conversar, desconfiava, vem coisa ruim. "Você é uma ótima profissional, mas vou ter que te demitir, os pais dos alunos reclamaram, recomendou que lessem *O Manifesto Comunista*, pirou"? Tentava argumentar, os alunos vão prestar vestibular, carecem de conhecer Marx e Engels, não julguei certo? E assim segui via sacra. Demitida de sete instituições, sempre mesmo bordão: "ótima professora, mas bastante vermelhinha". Carregava na bolsa pra ler no recreio, jornais suspeitos: *Movimento*, *Em Tempo*. O mundo pra nós era o da esquerda, não havia interesse fora dos ditames das aulas do Sacro templo da rua Carangola. Ali, bastávamos. Havia tudo que nos encantavam: bibliotecas, festas, bar do gordo, batuque, paqueras. Éramos profissionais da alegria. O apartamento haveria de ser perto, só descer o barranco e cair de boca no cabaré dos intelectuais. Circuito do pensamento, mundo paralelo. O prédio no final da rua Primavera, floresta encantada. Samambaias, rede, tudo cheirando a mercado central. Decoração rústica, entusiasmo de Castelo de Chambord, Mansões Cidade Jardim. Os feriados, arriscados em caronas, Rio de Janeiro, Ouro Preto, Moeda. Tudo dava certo, não sei se Joana tem saudades, há tempo que não nos encontramos. A vida não se eternizou nos anos 1980. Mais que mudou. Pós modernizou, ditadura acabou, muita coisa encaretou, quem amava rasteirinha, hoje salto alto. Vestido feira hippie, brega. Agora, consumo fashion, shoppings. Em nossas cabeças, maturidade e velhice apaziguada. A farra acabou, nossa via láctea se apagou, mas o tempo de contestar não findou. Uma nova ditadura, digital, engendrada em *fake news*, nos alcançou - algozes dos algoritmos, manipuladores assassinos do pensamento crítico. Os tempos bicudos voltaram. Piorado.

55

Precisamos educar melhor as crianças, ensinar a pensar com os olhos de dentro. Criar filho na perspectiva da felicidade e não da falta, caminho certo à decepção ao deparar com frustração. O imaginário da família é robusto, exigente, esquece de adequar à realidade do filho, filha. Na primeira dificuldade diante do sonho a conquistar, se frustra, deprime por não encontrar o paraíso prometido. Não é por outra razão que a depressão é sintoma também entre classes abastadas, talvez maior que entre as de menor poder aquisitivo, quando crescem com a falta batendo no prato do dia. A carência é estruturante do sujeito da periferia. Há um equívoco em suprir filho com excesso de consumo, facilidades, não impondo obrigações, parceria nas tarefas domésticas, retirando dele oportunidade em realizar por conta própria. Melhor incentivá-lo a se empenhar nos sonhos, projetos. Felicidade é sentir o gosto pela conquista, reconhecendo o quanto é capaz, autonomia e independência se cultivam desde cedo. No interior a vida era mais fácil, adolescente circulava movido a interesse próprio. A mãe, meio alheia, muitos filhos, outros interesses, o pai, sempre na fazenda, assim, fui desenvolvendo jeito de resolver, sozinha, os problemas. Com sete anos ia ao dentista, costureira, escolhia tecido, modelo. Adorava a aventura, à noite desenhava e levava, troféu, emoção da criação era imensa. Talvez, por hoje os pais darem tudo pronto aos filhos (geração delivery), impondo uma agenda cheia, sem tempo pra imersões, se deprimem, saturados, não há o que desejar. Forma cruel de educar, impedir o contato com a falta, o devaneio advém do que não tenho, cobiço. Felicidade é desfrutar do ato da criação, saborear a alegria do fantasiar. Nada mais pujante que viajar nas pegadas oníricas da invenção - o objeto do desejo é simbólico, encontro que entusiasma. A convivência excessiva com máquinas interfere no processo criativo, inibindo fantasias, empobrecendo imaginário. Michel Desmurget, autor de *A fábrica de cretinos digitais*, confirma: "a orgia digital atual está arrasando as bases mais essenciais de nossa humanidade: a linguagem, a concentração, a capacidade de memória, a criatividade, a cultura". Tornou-se comum famílias chegarem ao restaurante e logo sacarem o celular e, sem nenhuma conversa, postam-se ali, grudados na caixinha mágica, alheios ao que ocorre em volta, cenas horripilantes. Outro dia o casal chega com garotinho, o menino queria atenção dos pais, gritava, apelava, batia talheres no prato, nada, teve que se satisfazer com o deserto afetivo que lhes ofereceram. Como as crianças vão aprender a falar dos incômodos, mal-estares se estão comunicando apenas por meio de telas, máquinas - pouca presença corporal, olhos distantes que nunca as alcançam? Ou se atualizar nos conceitos, preconceitos, desconstruir homofobia, racismo, se não há interesse dos pais em conversar, debater? Vivemos a geração das relações autistas, encerradas em si mesmas, pura devastação. "Enfim, as crianças estão soltas. Ou estão na frente da TV ou do *tablet*... Isso tem gerado inúmeros efeitos. Tanto que, quando surge a figura da síndrome generalizada de autismo no DSM (Manual diagnóstico e estatístico de transtornos mentais), vários pesquisadores vão dizer que ela está ligada a essa ausência do outro ou a um outro que não olha para a criança nem conversa tanto com ela. Não está "na moda" ser autista? Mas será que é um autismo verdadeiro? Se a criança não fala, pode ser só um atraso, enfim, há todas as afasias". Maria Homem e Contardo Calligaris, em *Coisa de menina?*, analisam a maternagem quando se tornou comum bebês terem pouco contato com os pais, corpo da mãe, ser por eles marcados, tocados em todos os sentidos. Precisamos brincar mais com as crianças. Com jovens e adolescentes, discutir filmes, decifrar o barato da roda, esse gigante da convivência humana. "Prefiro passear com meu cachorro do que com meu filho", confessou a mãe. Prevenir contra as patologias da falta (de pais), a companhia que não pode faltar. Como enfrentar a geração *nem-nem* - frouxa, amortecida, nem trabalho, nem libido, acordo meio-dia? Como oferecer riqueza simbólica, fomentar o fantasiar, entusiasmar com o criar, sublimar? Sociedade do excesso, consumo frívolo, desnecessário, brocha a alma, amolece o corpo, entorpece imaginação.

56

A miséria na troca de afetos entre adultos ressoa nas crianças. Como entender o amor que nos oferecem, mas nunca nos entregam? Ao separar, quando apenas um se retira, o outro, sozinho, confabulando, emendando histórias não concluídas, é duro. Na maioria dos casos separa-se não por causa do outro, mas por nossa causa, algo não tolera a presença do outro diante da qual devemos estar sempre bem, não suportamos a máscara da alegria quando dentro corre rio de lama, choro, tristeza. Uma parte consegue assumir o contrato amoroso, a outra, finge, foge do confronto. Talvez saímos sem nunca termos entrado - almas que não relaram, acasalaram, embrenharam, amor avulso. O amor só se realiza a dois, quando um não entra inteiro, a metade é insuficiente pra subir o Pico da Bandeira. O desafetado não sente pesar, alegria, corpo neutro, um tanto faz que desespera quem espera chuva de sedução. Alheio às chamas do amor, a ficha nunca cai, sequer há ficha. Não importa, nesse particular, o diagnóstico do parceiro, mas a frustração de uma relação sem ressonância. Reviver os fragmentos da vida amorosa é forma de entender onde o elo se soltou, ou deixou de enlaçar. Encerrar um amor sem segundo turno, sem deitar no colo, espernear juntos na cama, é eternizar o pesadelo. Abrir o coração às dúvidas, vasculhar intimidades mal resolvidas, vivenciar o luto facilita a travessia. Somos feitas de orifícios; bocas, olhos, todos com direito à despedida. Ao romper a cadeia do desejo, turva-se o raciocínio, tudo difuso. Gaguejamos, inteligência é coisa pra dias normais. Ao deixar de dividir o pão, tesão, o corpo avisa, boca seca, pensamento enfraquece. Por onde caminha o amor? Dentro da realidade psíquica de cada um, não seja pretencioso, terreno movediço. Após uma relação, ele me liga, quer contar o sonho: "ainda no quarto, ele fala, precisamos separar, você é pouco precisa, arrumei uma garota organizada, você, *imprecisa*". Desligo com o significante na cabeça. Decifrar sonhos nos ajudam a aceitar separações. Chego até ser obsessiva de tão precisa. Ação reativa, a mãe era desorganizada, na casa nada se encontrava. Começo analisar suas palavras, desconfiar das relações pós-feminismo. Muitos homens buscam mulheres dependentes. As que deles precisam pra se sentirem seguras, confiantes. Virilidade é assegurada, muitas vezes, pelo poder econômico. Quando a parceira dispensa o vil metal, não o coloca como tributo maior, eles ressentem. Ofendidos, orgulho aos prantos, brocham no amor - ferida narcísica sangra. A altivez do macho provedor desvalorizada interfere na relação. Se não o reconhecemos nesse lugar, o amor murcha. Desejo e emoção são caixinhas de música da bailarina, só tocam e dançam se dermos corda. O sentimento que potencializa a capacidade de causar euforia rola diferente entre os gêneros. A entrega do homem, ao sentir que ele nos assumiu, nos colocou no lugar de sua mulher, é o que nos faz pingar paixão. O lubrificante feminino mais eficaz é ato confessional, epistolar. Declarar, reiterar o desejo de nos embriagar, afogar de amor. Reverenciar todo o belo que cerca a vida a dois, deixar-se afetar, causar, lamber a alma um do outro, sem isso o barco não desliza. Sexo bom é o que o coração deseja. Não perca tempo em relações mornas, bocejantes, quando lhe oferece apenas o básico. Se o âmago não estiver estimulado, erotizado, jorrando sangue, brochamos. É na verdadeira loucura da sedução que o corpo pula, nossa fome vai além de prato feito. Como reforça Adélia Prado, a poeta da intensidade feminina: "não quero faca nem queijo. Quero a fome". Também Nelson Freire, pianista de grande densidade afetiva: "se eu não sentisse amor pela professora, não aprendia, as aulas de piano tornavam-se torturantes". Ao escolhermos bem com quem queremos trocar afetos, rotinas, conferimos sentido. No mais banal da vida, ele deve se justificar, inclusive na agenda de profissionais que utilizamos, sempre há espaço pra cutucar, subjetivar - ginecologista, dentista, faxineira. Sempre é mais que um banheiro a lavar, dente a obturar, corpo a cuidar. Gosto de aditivar emoção, a idade não permite perdas de afeto, conversas devem fluir no ir e vir. Uns contam tragédias, outros sucessos. Cada qual traz no baú alegrias e pecados embaralhados, gosto de desembaralhar. Manoel de Barros olhava pra vida com olhos de poeta: "Quando as aves falam com as pedras e as rãs com as águas – é de poesia que estão falando". Como não sei poetar, me resta analisar, decifrar. Na juventude, gostava de desafiar madrugadas. Hoje, intimidades - apaziguar subjetividades doloridas.

57

A falta de hábito em falar do mal-estar, o que nos bole por dentro pode abrir espaço às frustrações e produzir disposição ao sadomasoquismo. Sentimos acuados quando presos no desejo não realizado, ou quando não elaboramos os incômodos. Felicidade não dispensa liberdade - liberdade é conquista, dos ideais da modernidade, talvez o mais difícil por envolver implicação. Não devemos renunciar à responsabilidade na construção do bem-viver, cada ato, um compromisso. O neurótico moderno não está interessado em desejar por ele mesmo, prefere comprar o desejo do outro, vendido pela mídia, mercado aberto. Assumir a própria escolha, sustentar argumento à revelia do outro é arrancar a própria pele, carne viva, desassossego. Como garantir escolhas éticas, honestas, livres de manipulações, maldades que nos chegam por telas apontando o quanto a humanidade banalizou o poder do pensamento? Pecado é permitir que o outro regule nossa forma de pensar, gozar. Desde muito o homem acostumou em conduzir o voto e o gozo da mulher: "você deve votar em quem o papai indicar", vaticinou o cunhado. O sogro atuava como coronel na cidade. Meu primeiro voto, a disputa ao senado de São Paulo era entre Carvalho Pinto e Orestes Quércia, Arena e MDB. Logo confirmei, voto no candidato mais à esquerda, única opção. Decepção nas famílias, escolha atrevida, todos vão de Arena, só você de MDB. O imaginário social construído pelo mito do colonizador é misógino, racista. Sempre haverá um poderoso a nos açoitar, oprimir, impor. Coronel, empresário, político, patrão. Homens de bens usam o poder pra saciar fantasias sexuais. Nosso mito colonizador foi a libertinagem, não o respeito. Ganho fácil, usurpado por meio da escravidão. A falta do pai simbolizando a lei permitiu terra a alguns, e agressões aos desprovidos de alma. Corpos negros empilhados, maltratados, serviçais na lida e na cama. Até quando seremos, aos olhos de muitos, a reserva libidinal do mundo? O cabaré dos sonhos não realizados, esperança subtraída? O Brasil se fez rico na violência do facão. Bota, espingarda e corrente, todos numa só desculpa - manutenção da ordem. Aqui onde tudo beira ao extremo - ganância, maldade e exploração. Na cama da mucama, o véu do sonho feminino, rasgado, destroçado. O sinhozinho não se constrangia, avidez em matar sede de sexo nos lençóis da opressão. Exploração tem cor, bala tem alvo e o membro masculino, premido entre coxas, preferência. Negra, pobre, doméstica, pedaço de gente, carne a ser devorada. Mulher tem fome, não gula. É poesia, diferente de animal amarrado, anseia carinho, poço profundo. No amor, lambe beiços, chupa dedos e quer mais. Mas ele, já de calça e cinto afivelado, gozo rápido, garantido - prevalência da porra masculina. Esfria boca, seios, buraco úmido seca logo, alivia desaforo no chá de erva doce. Você não terá comichão, arrefece o apetite. Esquece, o mundo a ele garantiu valentia, força ao jorrar o líquido catinguento, malévolo, diferente de mulher que, quando vai pra cama com o escolhido, leva os deuses juntos, toda divindade é evocada. Requer muita fé e reza ao ser seduzida, nossa caverna é lugar de devoção, não é brincadeira fazer uma mulher gozar, exige dedicação, convicção, escondemos bem o ouro. Buraco inteligente, pede mãos de duendes, sussurros, condecoração.

58

Mulher não é linear, buraco contraditório, dor e prazer. Se cólicas doessem em macho, se sangue jorrassem dos testículos, teríamos mais humanidade. Unidos na dor, reverenciaríamos os desígnios do corpo. Como berrar ao mundo a dor do feminino exigindo direitos? Será quando humanidade desandou, banalizou? Nascemos defeituosos, mal-acabados, contudo, se somos moldáveis, passivos de conserto, por que seguir destruindo o que há de melhor em nós? Instrumentalizaram a vida, prazer e gozo, vale o custo-benefício. Invadiram lares, camas, berçários. Crianças já nascem com *tablets* nas mãos, adolescentes inaugurando cedo a vida sexual, jovens sem noção de cidadania, limites, aterrorizando os pais. "Hoje vivo ameaçada pelo meu filho de 13 anos". O desabafo da mãe confirma o elo esgarçado. Desregulamentaram pais e filhos. Circular apenas no princípio do prazer é devastação, desvio de civilização. Anomia é negar princípio de realidade. A vida exige confronto com o obscuro da falta, tenebroso. Coibir, reprimir - forma de garantir futuro aos filhos. Ao aderirmos aos ditames do mercado na cegueira, perdemos o contato conosco, passamos a funcionar a controle remoto. A recusa à interioridade provoca cisão, impossível amar, brincar e criar sem mergulho abissal. O fantasiar exige passeio subjetivo, sublimar, tocar emoção fundante do sujeito o protege das doenças da alma. Loucura é grito do insuportável denunciando o bloqueio da fruição fantasmagórica, transacional. Temos que oferecer fantasia às crianças, tecnologia plena é desolação, fim da festa de sentidos. Nos livros que adquiri humanidade, a leitura adentrava provocando determinação, amortecendo decepção, humilhação, desejo de vingança. Além da natureza, devo à magia das letras minha formação. Literatura, grande acontecimento, lugar onde o feminino era contemplado nos detalhes, descrição de rainha. Ao penetrar outras realidades, encontrava redenção. Diante dos *Miseráveis*, ajoelhei, me abençoei, impossível sair ilesa. Sempre o diálogo refaz injustiça, pecado confessado aproxima, redimi um pecador de outro, não pra escorraçar, esturrar alma - perdão traz renovação dos sentimentos. Já na *internet* a leitura é dinâmica, os amigos, de curta duração. A cultura do efêmero é desastrosa, desvia o sujeito de sua história, contato com entranhas, teias de aranha. A recusa da experiência amorosa, como de relações interpessoais, oculta certa normopatia. Nenhum afeto fora do lugar, todos engajados no prazer imediato, gozo programado, estimulado, dispensa mediações. Como redimir responsabilidade se somos cúmplices da barbárie? Perdemos o interesse pelo onírico. Sonhar é também abertura ao que nos encanta, lugar icônico que propicia cura. Transformamos o amor em valor de troca na mercearia de bugiganga. O mundo regido por leis externas é utopia agonizante. O dedo do mercado aponta sempre pra frente, não gira, tampouco circula no campo da cultura. Freud nos alertou em *O mal-estar na civilização*, que algo no sujeito o conduz à pulsão de morte. Não julguemos a civilização como única responsável pelo sofrimento psíquico. Quando o vazio entra em ação, falta consistência existencial, razão descabida se apossa e abre-se ao sadomasoquismo. Falsas narrativas, ao invadir corações, interioridades, intervêm empobrecendo imaginário, o mundo nas mãos dos algoritmos. Corrompemos a dialética, relativizamos o poder que não duvida, tampouco se indaga. Normopatas, filhos da técnica, lógica formal, funcional - minha vida, minha empresa! Talvez o excesso de máquinas, o dia a dia decidido em telas contribuiu pra nos tornar seres de pouca profundidade. As redes sociais, ao compartilhar espetáculos banais, estética do espanto, ódio, galera dançando o descompasso, metaforizam os campos de concentração - vida sem sensação, mortífera. Ninguém livre, todos acorrentados, controlados. O filósofo Byung-Chul Han, em entrevista ao *El País*, afirma: "A tela é uma representação pobre do mundo, giramos em círculo, ao redor de nós mesmos, e nos afundamos em um ego difuso. O *smarphone* é hoje um lugar de trabalho digital e um confessionário". A dominação é garantida por meio de uma ferramenta de subjugação digital que produz viciados à espera do amém - por favor, preste atenção em mim! Nesse sentido, vale conferir o filme *Je suis, Karl*, jovens despertencidos buscam abrigo afetivo em grupos fanáticos, como Estado Islâmico, grupos neonazistas - alguém que irá suprir a falta do Pai simbólico, operando com o narcisismo. Vivo dias de tristeza, conto com poucos amigos, o tempo de conexão ao vivo se findou, poucos se interessam em sair, conversar. Gosto de versar, desenferrujar alma amortecida, entorpecida, desesperançada. Saio debaixo de um tempo estranho, logo volto, apagaram a luz da vida feliz, tudo escuro, obscuro.

59

Meu jardineiro morreu de Covid, o vírus que enterrou muitos dos que vivem sem água encanada, vários hóspedes de um só cômodo, oito num mesmo quarto. Contudo, pede-se isolamento, não aglomerar - avisa lá, favela! Um negro admirável, curtia Stevie Wonder, Bob Marley, cachaça. Generoso, plantava rosas, arbustos, amigos. Ele mesmo, agraciado, trabalhava em terras abençoadas. Viveu rodeado de cachoeiras, montanhas, depositava fé no humano. Cuidava de jardins onde o verde é triste, minguado, verdadeiro arremedo da natureza - condomínios de gente cimentada, adoram desmatar. O negro Ivaí me ensinou sorriso largo, otimismo disfarçado em beiços alegres. Apesar de desvalorizado na hierarquia social, exalava dignidade. Morreu de descaso, sem vacina, sem cidadania, como milhares. Ignorou o perigo, talvez por machismo. Máscara é feminina, ornamento, talvez se fosse canivete, facão, usaria. Apenas um número a mais no projeto genocida de quem programou óbitos, desmantelou a medicina preventiva, extinguiu da saúde pública programa *Mais Médicos*. A maioria dos médicos eram cubanos que se interessavam pelo Brasil de chinelo. Ao desdenhar da ciência, o messias do caos mirava limpeza étnica, menos pobres e negros exigindo direitos. A vida humana não pode se transformar em pauta de governo ou ideologia. Contudo, ao cidadão de bem, bens, privilégios consolidados. Eis a religião da elite, o Deus que nos rege é do dinheiro. Pobre catinga, suor de negro desconcerta. Mortes, fome e mulher sem direito sequer a absorventes - entre pernas, sangue e furacão, estamos nos tornando a sociedade do estupro, ninguém segura esse rojão. Nos querem piores de alteridade, honestidade, reponsabilidade, solidariedade. Difícil suportar crueldade que nos habita, atravessar, sem prantos, infelicidade articulada. Vivo sem eira, minha beira afundou. Escolha acertada, a necropolítica apontou com arma em riste, seu representante maior, ele ganhou. Destroçados, peregrinamos em futuro arruinado. A desumanidade ultrapassa fronteiras de raça, gênero, classe, joga todos em vala comum. Ivaí foi enterrado sem ritos africanos, viveu longe de seu povo, desterritorializado. Saudade soterrada. Se fez na bondade, fazia descaso de maldade. Do barro extraído de seu paraíso interno, ornamentava canteiros, plantava arte, disseminava amizade. Quem à terra reverencia, reza sem saber, jardinar é fazer belezuras com girassóis - artesanato no chão.

60

Queria prestar homenagem ao povo do vale, pegar o trem e apear no Jequitinhonha. "*O trem da história* tocado a todo vapor, cumprindo com seu papel de um menestrel sonhador". Viajar com esse poeta cantador, Rubinho do Vale, Sim senhor. Mas não consegui, diante de tanta beleza, minhas mãos emudeceram. Precisava de muita vocação, esse Vale não é pra gente de pouca imaginação. Lugar onde mulheres, cristais, brilham na areia. De ferro, suportam sol, seca, corrupção. Não sem indignação, e com barro e argila, enfeitam o mundo, suas noivinhas, seus buquês. Flores nunca vistas, rosas invisíveis, à vista, fome, abandono - povo perdido na escuridão da exploração. Latifúndios, almas negras em carvoarias, pecados satânicos. A cor da pobreza do Vale é tinta das canetas, políticos que o exclui de seus orçamentos milionários. Barro, a garra nas mãos, o que sobrou às mulheres, esculpir futuro, transformar lama em benefício familiar. Botar feijão pra cozinhar! Manipulam peças, rodam mundo, pobreza nacional, riqueza mundial. Desafiam dureza na força da alma, pés roxos. Maria que ganhou a vida quebrando pedra, fazendo ruas, pé escuro, preto igual pássaro "Lambu". Guardiã da festa dos Reis, se distraía na fé e folia. Se queres dias melhores, transformas seca em sorte de ouro, arrisca salvação. A despeito da miséria, projeto de nação, no deserto do Jequitinhonha transborda artesanato e gente que, com violão, bem sabe nos encher de emoção. Paulinho Pedra Azul, Murilo Antunes, geração de músicos que, com seus cantos, nos deixam perdoados. E com o sangue fervendo de amor, *Viva Zapátria*, saudou esse senhor. "Esta cidade, uma herança só, esta América, mãe onde estou"? O jovem Murilo se revelou, cantou a resistência, apontou sua garra, espalhou seu berro e o país se encantou. Glorificação, poemas e cantorias desabam em sinfonia, noites embriagadas disfarçam solidão. Incêndio, corpos queimando, sedução. Sempre os poetas querendo povoar, enfeitar o Vale e seu descampado com palavras de mel, aveludando sofreguidão. Encanto que sai da agonia compensando alegria, desvario. Paixão esculpida, torrão. Sua tristeza não é vocação, miséria programada, destino articulado. Vem de Brasília e se alastra tradição mineira adentro. Cada mando, punhal que finca ponto crucial, pobreza. Existência aguda, toca fundo desejo de sobrepor choro justo. Magnitude na força, coragem que produz ensopado grosso. Canja de galinha, mulher ali nasce macho, ninguém lambe chão. Vales de emoções ardentes. "Clareia, manhã, o Sol vai esconder a clara estrela". Murilo faz a noite virar dia, o mundo se perder em epifania. Tremer tudo, ainda há luz no cabaré. La noche nuestra, paixão ao som de bandonéon. *Besame*! Paulinho com seu *Jardim da fantasia*, bordou o Vale, pintou de azul a pedra que brota na serra, lugar de seresta onde jorra memória, belas histórias. E chamou os bichos de amor, queria mais que a imensidão da paz. E lá vão eles, desafiando corações feito ave cantadeira. Esses mineiros nos deixam sedentos, loucos na insensatez do desejo. Milton Nascimento confessa à sua *Itamarandiba* "pedra corrida, pedra miúda rolando sem vida, como é miúda e quase sem brilho a vida do povo que mora no vale". E que muito mais que pedras, pérolas valem.

61

Na lógica do hiperconsumo e acumulação de objetos, sofremos de excessos. Viver é supérfluo, ser feliz, nem tanto. A produção *in vitro* aponta tendência aos artifícios. Incompatível, no tempo analógico, segundos são horas. A pressa corrompe o tempo do gostar, inviabiliza busca refinada - traços, pequenos objetos que causam desejo. Olhar, gestos. Agora nos encontramos em *sites*, aplicativos, emoções impermeabilizadas, lógica instrumental, funcional pervertendo tradição amorosa, obsessão por nós mesmos. Esse o futuro que temia, aprendi gostar com o peito. O verdadeiro amor te derruba na cama e te destrói de tanto querer, sentir, escandaloso de bom. Corpo duro, teso, fagulhas eróticas desabam, imersão. Grande experiência de sensibilidade a introdução de um no outro. Depois, realidade que nos puxa o chão. Até hoje bato cabeça, sempre me perco na despedida dos amores que se vão. Palavras banais sempre insuficientes ao coroar o fim. A falta de sentido é a pior forma de vida. Participei da construção da nova civilização amorosa, amor no feminino. Parágrafo primeiro; respeitar singularidades, caprichos, tempo do tesão alheio. Orgasmo feminino chega devagar, cada um em sua cadência. Imediato - ato sem mediação. Adentrar no outro, partir sem elaboração, sem rever os passos da penetração, devastação, decepção. Pouco estímulo, sem imersão, nada de ereção! Hoje a coisa simplificou - trepou, angustiou, medicou. Ou pior, se não levantou, não trepou, medicou mais ainda. Se queres sobreviver, seja cliente cativo da legião de psicotrópicos, estimulantes. Geração do atalho recusa elaborar sofrimento, no deserto dos afetos sofre consequência das relações efêmeras. Tragédia anunciada do amor que se busca em máquinas, expectativas expressas em imagens. Agoniza, provoca ânsia, clemência por reconhecimento, obsessão em ser aceito - troca-se os códigos, mas a demanda continua a mesma. Quero ser destacado entre milhares, sedução agenciada em rede. Liberaram a busca, mas não nos encontramos. Outrora, não buscávamos, achávamos. Lamento a solidão dos internautas, as ondas não asseguram encontros, se perdem nas nuvens – escravos da disputa orgástica! Imperativo categórico, goza! Talvez minha crítica seja despropositada, velhos pensam com coração antigo, aquecido em serenatas, palavras de mel. Difícil reivindicar amor consistente com curtidas, *links*, *likes*. Tudo se realiza à luz da tela, fuderam com o íntimo. O gozo é pragmático, de resultado, nada de drama, cobrança. A chamada geração Z é do desvio, lógica dos ansiosos. O desejo desprovido de fantasias banhando em imaginário robusto, agora, automático, controle imediato. As mulheres também acertaram os ponteiros, chega de conta injusta, sempre perdendo. Com os hormônios controlados por dispositivos culturais, o orgasmo, mais que moderno, ganhou novas modalidades. Como disse a amiga: "cansei de chupar pinto, promover gozo e o meu, sempre depois ou quase nunca, almejando igualdade, resolvo assumir responsabilidade pelo meu prazer. Decidi me virar, lutar e vibrar em causa própria, confesso que não dispenso ajuda mecânica". Aos jovens, pode ter preço alto. Sem o contato humano, gozam mais e trepam menos. Fazer amor soa insulto. O sexoshopping assume protagonismo antes atribuído à sedução dos encontros. Astrólogos, gurus, referências que suprem a falta de escuta. O lugar da autoridade paterna deslocou-se. O prazer sexual corre livre, poucos tentam regulamentar orgia dos guris. Com tanta pornografia disponível, a esperteza paterna entra em crise. A autoridade dos pais foi substituída - *Google* sabe mais. Contudo, o coração requer um outro ao se acalentar. Carícias no deserto é fracasso de vida afetiva. Encontros, amores ralos se curto-circuitam meio a tanta oferta de corpos. O sexo rola na urgência, plantar hoje, colher amanhã. Quem é você? Os espaços públicos se desmaterializaram. A cama migrou pra sala, lá trabalho e me alivio, jorro líquido sobre cadeira fria. No *notebook*, gozo e *home-office*, tudo descontextualizado. Dessincronizado, domingo é segunda, o tempo hoje igual ontem, no trabalho e no amor. A viagem no final de semana está suspensa, a empresa avisou, reunião sábado à noite, relatório, escritório. Chefe, carrasco em nossa própria casa. Pior, melhor? Nos restam adaptar, aceitar? Para a minha geração, bicho papão.

62

As histórias de traições que marcam o imaginário feminino não esbarram em moralismos, mas ressentimentos. Dor, abandono, mentiras nos deixaram ressabiadas. Tantos os vestidos que os levaram. Floridos, decotados, curtos, plissados. "Nossa mãe, esse vestido, tanta renda, esse segredo!... Era uma dona de longe, vosso pai enamorou-se.... se afastou de toda a vida, se fechou, se devorou, chorou no prato de carne, bebeu, brigou, me bateu". Drummond transformou o *Caso do vestido* no hino da traição, o homem que sai em busca do escondido em corpo embrulhado de roupa nova, desejo repaginado, fantasia renovada. Promessa, interlúdio sexual quase nunca se cumpre. Mesmo quando "o rejeitado dá apólice, fazenda, dava carro, dava ouro". O amor é traiçoeiro, os sentimentos nem tão fiéis quanto os vestidos, mais escondem que mostram verdade entre pernas, calcinhas. Minha tia sempre dizia: "cuidado, homem trai, se casar terás que aturar". Fui pro casamento com um saco de pedras. Ele não traiu. Eu, traí. Mas as histórias são muitas. A avó da amiga nasceu de infidelidade. O pai visitava o quarto de despejo da empregada. A barriga cresceu, tiveram que solucionar. Filha bastarda acabou entregue a outros, família de bens a criou. Somos a geração de abusos, corpos usados como sabão, alívio na sujeira do pecado sob o comando do membro, superlativo masculino. Era comum marido revezar nas lacaias, filho se iniciar com empregadas. De madrugada pai tropeçava em garoto abandonando aposento da despossuída - na força, entregava corpo, perdia tudo, virgindade, filho. Pouco choramos, falamos dos órfãos, filhos de macho estuprador - tantas dívidas, dúvidas. Restava a sensação, sexto sentido, o dito pelo não dito. Segredos que nunca foram às mesas de domingo - prato principal resolvido no confessionário. Igreja, templo da hipocrisia. Pecado que não se limpa alma sangrando, lamentando inocência desvirginada. "Os moços brancos, incentivados pelas famílias, conservam os hábitos ainda do tempo da escravidão. Corriam atrás das mocinhas negras", testemunha Conceição Evaristo em exuberante escrevivência: *Insubmissas lágri-*

mas de mulheres. Injustiça de coronel, gente de patrimônio nunca vira denúncia. Bocas de cadeado, hoje não mais. Às violentadas, estupradas, o berro da revolta, coragem ao romper o silêncio covarde dos poderosos, carrascos de boa família. Regavam as negras sem solenidade, perdiam o juízo, deliciavam. Obsceno o cinismo que cochila em lares de brancos abastados. Leis, ruas, tribunais. Batalhão de polícia, abuso de poder - apontam arma e descem calças. Em pesquisa informal sobre a relação dos policiais com alunos na porta de escola pública, a aluna confessou: "eles nos oprimem, violentam, obrigam a irmos com eles atrás da igreja, nos forçam à sevícias sexuais". Mulher, lugar de muito desaforo, sem fórum privilegiado e solidariedade - bocas escancarando defeito de cultura. Sexo criminoso, erotismo bastardo, ilegal. Esse trem de tolerar membro duro, atrevimento de macho no cio, passou. Mulher do novo tempo apeou, cavalo desarreou. Não é fácil lembrar, revelar e não angustiar. Assisti, vivi. Éramos alvos de sacanagens, hoje enterradas em porões, fundos de casas, umbrais. Desfaçatez, no escuro, na garagem atrás do carro, nos agarravam. Nunca era denunciado, sempre perdoado, pra muitos, ao invés de abuso, cortesia. Investidas vistas como oportunidade, quem sabe casaria! Violência, estupros, engole com água benta, Deus ajuda! Muitas só conheceram fogão, tanque e surra. Não há reza que sana pecados rubros, emporcalhados de sangue. Chega de conceitos, exigimos acerto de contas com quem nos perfurou dentro e fora, sem autorização. Compromisso das filhas de mães que, além de privadas lavadas, eram na cama violentadas. De madrugada procurava um útero pra se deliciar, chorar de prazer feito menino. Mal remunerada, recebia roupa usada, rasgada, pagamento da porra derramada. O cheiro fétido da devastação criminosa ainda exala, inunda mansões, casarões, segue na maldade contra cotas e outros benefícios. Em outra pesquisa, agora em mesa de bar, descubro que são os homens quem mais negligenciam a reparação, resistem políticas públicas de afirmação. Contaminados pelo imaginário racista, reminiscência escravocrata, marcas de um passado de abusos, poucos se veem como integrantes da legião de malfeitores. A casa grande dificilmente irá aceitar que a senzala abandone a submissão. Difícil recusar glória de invadir vulvas com garras de dono, perder o privilégio de ter lavoura e sexo garantido. Amiga contou que o pai, que morava fora, engravidou secretária e, belo dia, se encantou por outros seios, abandonou tudo, todas, mulher e filha. Fugiu. Saiu com mala e cara dura. A nova mulher morre, deixa filha – descompromissado, se muda para Belo Horizonte, guardou segredo, cochilou em cama limpa. Depois de um tempo, casado com outra (mãe da amiga), decide compartilhar verdade sobre mulheres, filhas. A esposa, com dois filhos, diluiu na raiva, mentira, ira. Eles mentem, omitem, dissimulam, escorregam, nunca caem. Malabaristas de amores furtivos, frouxos diante da verdade, sutil covardia e irresponsabilidade. Mesmo assim, contam com concessões. Quando é o contrário, eles, os cornudos, que vergonha, tragédia! Contudo, não existe a figura da cornuda, traição é norma do masculino.

63

A festa estava chata. Vamos embora? Sentia peso em seu olhar, olhos azuis que escureceram. A voz baixa pedia clemência. O coração já em fatias - lâminas caiam sobre o manto do medo. Vem coisa, vou sofrer. Parou o carro em frente ao prédio, desligou. Precisamos conversar. Sentia vertigens, a dor seria torrencial. Fala logo, quer separar? "Não, claro que não, é pior, dormi com a professora de Inglês na sexta, véspera do teu aniversário. Pura covardia, sem querer, querendo. Distração, curiosidade. Coisa de homem bobo". A voz cravava, punhal, quebrei toda. Perfurada até alhures, desci do carro, andar duro, respiração fraca, petrificada. Na cama nada mexia. Tensão paralisada, um sentir sem cor, pavor, dor furiosa, devastadora. Decepção, estrondo, amar é destroçar fibra por fibra. Aprendi um pouco sobre desejo masculino. Ele é intenso, nos oferece o céu, tudo embrulhado em seda, papel, brilho. Num toque, desaba, frágil, pode voar no primeiro vento, primeira neblina feminina embaça tudo. É amor que não espera cortina descer para o palco se desfazer. Nem tempestade precisa pra chover lágrimas de granizo, desintegrar o tempo dos amantes. A vida, dividida a dois, se desfaz na terceira. A questão não é tanto a traição, mas como não deixar que ela nos leve à exaustão, desassossego, sofrer menos, acostumar com a efemeridade dos sentimentos. A bunda murcha, o seio cai e sempre haverá uma outra à espreita oferecendo inusitados. Eles, quase sempre aceitam. Intrusas ou convidadas, a sombra de um vulto suspeito um dia nos assustará. Desejo é conta que não se fecha, o que era lindo, espatifa - difícil se compor. O sexo, num átimo, deixa de ser fonte de gozo perpétuo. Há algo de precioso na crença cega das trocas afetivas, delicadeza de bibelô. O amor é liturgia solene, exige respeito. Ao abandonar o posto, fale baixo, segue o cerimonial. O caminho é escolha, sintoma. "Não somos senhores nem em nossa própria casa", profetizou Freud. As manhas do coração não se controlam, se o outro desiste, a qual delegado devo reclamar? Boletim de ocorrência? O ciúme é legítimo, medo da perda que chega agarrado no sofrer. Quando não há mais sentido no mexido da madrugada, mistura de tequila com jazz, ou na troca de livros, tampouco nas espinhas espremidas na cama, não há futuro aos amantes. Não há amor quando só há custo, não é sentimento que se arrasta qual cadeira pesada. Devemos temer o choro que jorra dentro, furioso, sem limites. Ânsia se avoluma e se lança, voluptuosa, seduzida tal qual boca na buceta. Diante da urgência deles em degustar outra carne, deliciar em outras histórias, nos sobra catar cacos. Limpar as fagulhas da amargura, suavizar o flagelo do momento. Desígnios de um crime legítimo. Esperar o sopro divino, lutar, sanar logo ferida viva. Entre a queda e a graça, há potência que pulsiona seguir, esfriar rancor, ressentimento. Algo fica, nem tudo se perde no meio da sedução, beleza e brilho de pele jovem. A infelicidade dos amantes não pode ser medida pela quantidade de celulites. A memória do perfume exala pedaços de amor deveras infinito. O cheiro insuportável da saudade, resíduo impregnado nas flamas do quarto confirma o encanto do amor vencido. O que amei, sei!

64

Os libertinos perverteram dogmas, desbancaram amor barroco, romântico. Pulsão desmistificando razão. Definitivamente, os sentimentos seguiram pegadas irracionais. O pacto com o diabo busca prazer sem interdição, livre pulsão. A lenda de Fausto nos arrebatou à realidade com viés da secularização, apontou o desencantamento com o mundo, lembrando que agora é conosco. O "Deus está morto", metaforizado por Nietzsche, é o corpo que não recebeu dose de castração, não sabe dizer não, barrar fúria satânica. Na hora da danação entrega-se tudo ao demônio. O mal goza, exala erotismo pagão, fera abusada, incendiária - sem limite, pode-se tudo, na ausência de ordem divina, o mal é destino. Marques de Sade registrou o ideal libertino marcado por predadores devassos, uma nobreza arrogante sem interditos. O prazer da carne compunha o banquete, orgias confinadas em castelos. Essa época passou, não deveria retornar. O projeto civilizatório exige compostura. O amor não pode ceder à excitação do imaginário descabido, sintoma difícil de ser investigado, o perverso dificilmente abre sua caverna. A vida e suas façanhas, na cama ou na mesa é matéria pra muita língua. A sedução começa em palavras bem-sucedidas. Não podemos ceder à confusão que ronda modismos sem reprimir desajustes. Desde a infância, sexualidade solta é satanás no corpo. Moda tóxica, inferno doce. Amor miliciano, sodomita, explora inclinação pelo mal, recusa leis ao agir conforme lhe agrada. Seja enfiando a própria vara em galinhas, ou desfrutando de outras aventuras obscenas, sente-se autorizado a contemplar seu narcisismo, porco divino. Sobre o manto de cafajeste, nenhuma regra lhe faz sombra. Tendo o céu todo ao seu bel-prazer, se lambuza das fezes de sua fantasia fétida. Temo que a forma depravada, perversa e de mal gosto de tratar a sexualidade se expanda. Outro dia, esse inominável que hoje nos governa, afirmou que usava o auxílio moradia, imoralidade a qual deputados têm direito, pra comer gente. Come-se filé, peixe, arroz doce. Gente gosta de ser bem-amada, trepada, acariciada. Remeter às formas de amor, sexo, com morbidez, linguagem torpe, pressupõe perturbação psíquica. Mendicância afetiva, podridão nos sentimentos, alma doente. O perverso desdenha da metáfora amorosa, desafia a lei do Pai. Urge contrapor às relações sodomitas, criar manifesto do afago, trocas intensas, delicadas. Homem não chora, mas se chorar e for de emoção, apaixono! Desconstruir o mito do amor neutro que chega e, sem encharcar cama, lamentos e pesar, sai sem expor entranhas. Amamos aquilo que nos desarma, desconcerta, o que fracassa no outro e nos convida a chegarmos perto. Acolher sofrimento é tomar o que é do outro para nós, suas faltas - nelas me enrosco e toco o profundo do ser. Desvelar juntos precipícios é da ordem do divino, pura emoção. Porra compartilhada! Só de imaginar, me molho toda.

65

A circulação de almas pervertidas compromete o tecido social. No Brasil atual, alguns governantes são indigentes esvaziados de bondade, órfãos do afeto, gente que não foi acolhida pelo seio bom. Efeito de privação do amor primordial criado em ambiente abandônico, desprovido da função de educar. Quem cresceu no limbo, pouco cercado de dedicação, carinho, quando faz sexo, vomita no corpo do outro. Gozo sarcástico, orgasmo mortífero, porra podre. Sadomasoquista. Onde falta a palavra, a língua do amor, explode violência, doença. A criança abandonada, excluída, cria laços na cegueira, o ódio entra compensando a ausência de acolhimento afetivo. Guerras, ditadores, facínoras, neonazistas. O que queres? Gozar em cima de cadáveres? Difícil aceitar festas em Brasília quando a turba se masturba, lambuza com nosso dinheiro rompendo regras éticas. Desde Freud, sabemos que a existência humana se revela mais na busca do gozo pelo mal – pulsão de morte, amor ao ódio, desejo de crueldade, aspiração ao sofrimento, necropolítica. A desordem psíquica, emocional, resulta das relações parentais, qualidade na forma como fomos embalados, acolhidos. Aprendemos amar com quem nos criou e que, desde pequeno, nos marcaram com vozes, olhares, gestos - candura ou bravura. Ouvimos, presenciamos, marcas positivas ou negativas, afetos que nos atravessam como flechas provocando traumas, ou alegria em expandir amor em filho desejado, esperado, planejado. Infelizmente, quando se realiza o contrário, produzimos monstros que operam sem culpa. Canalha age com ar de normalidade, encarna perversão sob forma abjeta, abusa do mal e se embevece com a visibilidade - ausência de empatia, gestual automatizado, teatralizados, capacidade de acobertar atos repulsivos, crimes hediondos, exploração excessiva de imagens. Desde muito que a cultura narcísica, ao se comunicar, explora o espetáculo e o meio se transforma em mensagem. Império da vaidade onde todos anseiam por minutos de fama. Importa a forma, performance. Desnutridos de conteúdo, sustentamos a república do entretenimento negativo. Vazios de cultura, pobreza simbólica, disponíveis aos comandos da desrazão, herdeiros da alienação. Reificação, fetichização metaforizando arremedo de felicidade. Nossa mitologia fundadora se compõe de traços africanos, como o samba, capoeira e, seguindo toada, jazz e blues. Corpos e braços se abrindo, somos a turma do toque, carne com carne, afetividade a céu aberto. Carnaval, sensualidade pulsando vida apoteótica, potência erótica inunda avenida. Devemos recusar criminalidade programada, pulsão de morte incentivando violência. Os canalhas falam em nome do Estado, esquizoidias, robôs sem ideal. Não estabelece laços sociais, são de pouca sublimação, incapacidade de sustentar relações interpessoais consistentes, vive a tênue linha da depravação. Se delicia com o sangue alheio, gente que faz do ato perverso em provocar sofrimento, razão de viver. O Brasil dirigido e incentivado por posturas insanas entre paranoicos, tiranos, é sufocamento - caminhamos entorpecidos tal qual em câmaras de gás. Algo de sinistro nos aguarda, reeditaram a banalidade do mal - bastou que cidadão comum fosse adestrado, moldado tal como animal sedento. Humanidade em crise desde que o iluminismo confirmou a morte simbólica de Deus - o liberalismo, ao privilegiar o mercado, afirmou a perda da prevalência da alma ao corpo. Quando tudo perde o sentido, resta o dinheiro. O hedonismo, fora de controle, comandou festas mórbidas. A ideia de bondade, ao abalar-se, aprofundou a banalização do mundo ético em corpos submissos, súditos da maldade. A perversão é rentável, vende aos adeptos do caos tudo em excesso - armas, guerras, drogas, medo, proteção. Sociedade dos condomínios, cerca elétrica, câmaras, carros blindados. A questão está na determinação política em regular prazer, fomentando desprazer. Trabalho excessivo, corpo doente, pressão, se não suportar, demissão. Ao criarem fracos, ressentidos, infelizes, pavimentaram o caminho da depressão, quiçá, do crime. O projeto de modernidade construído no individualismo e suas vicissitudes é obsceno. Ao fragmentar o espaço público, massacrar o homem sensível, privatizar o desejo e aprofundar o desamparo, caos! Quero meu pai! Assim chegamos onde estamos, alienados da própria essência, sujeitos desacreditados de si, desdenhando dos sintomas, competências, ciências. Corrosão da ética, sem alteridade e sem proteção do Estado, o esgarçamento social disponibiliza cidadão armado ao pecado. Fragilizado psiquicamente, anseia por um salvador. Alguém que lhe prometerá o céu e reforçará a felicidade no fundamentalismo. Longe de se implicar, prefere terceirizar solução, iludir nas palavras de evangelho manipulado em mãos malévolas. *Bíblia*, o livro de contabilidade do projeto de enriquecimento. A crença em Deus como restaurador de direitos, políticas sociais, nos custará caro, preço do abandono aos desprotegidos. Dívida eterna.

66

A coragem que nos faz seguir roçando taludes íngremes exige força de retirante - abandonei o conforto da casa paterna sonhando arroubos, gozo arrojado. Precisava abandonar o gosto de cadáver na boca, vida defunta, miúda, moída, prazer copiado, alegria em papel carbono, segunda via. Extrair da existência, experiência de arrebatamento – morria de medo da infelicidade. Crescer sentindo que poderia ter enfrentado leões, levado a sério setas internas, jamais ter demovido do desejo, pavoroso. Contudo, parti pra valer, queria assumir liberdade com postura de cabeça feita, elaborada. Quando somos movidos por um ideal de eu, pouca opção nos resta senão arrastar mala até o fim da estrada. Saí em disparada, sem medo e com a voz da mãe dentro, som da proteção: "Minha filha, cuidado com os homens da capital, logo percebem pelo andar lento da saudade, quem é de outro lugar, almas em desalinho. Somos do interior onde o galo canta de madrugada, padeiro buzina pão quente". Sem culpa, piso em solo firme. Ansiava outro mundo, respirar alegria, solver entranhas, chão próprio, plantar livros, amigos, emoção. Tudo há de vingar. "Prepare seu coração, pras coisas que eu vou contar, eu venho lá do sertão e posso não lhe agradar". Geraldo Vandré e Théo de Barros, na voz de Jair Rodrigues, acordaram o Brasil em *Disparada*. Assim aprendi a dizer não, descobri que ninguém é rei, as visões se clareando e eu fazendo o dia se orgulhar. Chega de humilhar, agora sou rainha em meu curral, reinado sem majestade. Valente, lugar tenente, que todos aprendam a conquistar, sem autorização, nada há de rolar. A mentalidade sertaneja sempre pregou às mulheres, obediência. Reza confinada, corpos sacrificados à espera do boiadeiro, braço forte. Resistir, romper o cinturão machista do lugar é de arrancar pele. Dor e medo no enfrentamento, palavras sem conserto, não adianta negociar, eles não cedem. A cidade tem suas convicções, urge procurar outros ninhos pra chocar, essa turma não renova conceitos. Com determinação, disparei metralhadora marxista contra muros burgueses. Sem charme, segui em desapego, fiquei pobre, dividia saquinho de leite, jantava ovo frito com farinha, no lanche, bolacha água e sal, sem sabor, mas acreditada! Um dia vou subir a Serra da Canastra e Espinhaço, vou derreter queijo na brasa, mas não enterrarei o tesão pela expansão do mundo. Aventura de alma generosa, elegante, pagar com a própria dor lição feminista. Mais que cheque conta conjunta, queria amor honesto entre borboletas azuis, sob o manto purificado das cachoeiras. Perseguir crença em si é tourear convenções, pular muros, tradições falidas. Doação nunca parte de quem tem mais direitos, privilégios. Essa gente sempre quer mais, julga que a vida lhe deve. Cobra favores e orgasmo, tudo em abundância.

67

Sempre soube que esse mundo foi feito pros homens, não pras mulheres - basta de mendigar em cima de migalhas, amor ralo. Ousa! Cresci com mingau de fubá grosso e muito queijo. Lembro quando, no primeiro casamento, apaixonei por um colega de trabalho e resolvo, num ataque de honestidade, avisar ao marido que o corpo não sossegaria enquanto não vivesse outra experiência sexual - você deixa, né? "Claro que não, enlouqueceu"? Louca ficaria se não me aventurasse. Diante de sua recusa, separamos, precisava atender ao desejo ardente, furioso.Viver vigiada, limitada no campo do prazer, quando nos inscrevem no sacrifício, exigindo muito siso e pouco riso, pesadelo! O marido da amiga reclamava quando, nas férias ela gostava de ficar uns dias mais na praia, junto à mãe e filho: "você faz gênero de atarefadinha, vive cansada. Menina mimada, gosta de boa vida". Reflete o comentário do marido: "rapaz inteligente, engenheiro pós-graduado, prefere mulher burra que aprecie vida ruim"? Se fez forte, arrumou coragem, mochila, partiu. Ele chantageou, perdeu, voltou pra casa da mãe - homem quando cresce infantilizado, eterniza na libido oral. Sempre busca seio bom pra consolar, mulher dedicada lembra mãe que acolhe. Esquece que ambas são faces diferentes da mesma moeda. Mulher boa ou má, uma só, abraça e cobra quando necessário. Nem toda mulher roda saia, levanta baiana e bota fogo no vagabundo. O que leva algumas aceitar a cultura do padecimento, ode ao sofrimento? Injustiçada, deve suportar tudo, a recusa à maternidade é vista como pecado mortal, logo condenada: "pelo menos um você deveria ter tido", acusou a colega, ao saber que, sem filho, havia ligado as trompas. Nasceu pra procriar, cuidar e padecer em algum lugar do inferno. Lembro do dia que, depois de cinco anos de casada, na cozinha ele indaga: "onde fica o açúcar"? Pergunta que revela o quanto o trabalho feminino na casa é desqualificado, secundário à muitos homens – habitar, cultuar, fincar algo seu no espaço em que vive, imprimir sentido. Depreciar a casa e quem por ela zela, desaforo. Não acreditei, uma lucidez se abateu. Destino fracassado, não quero futuro de dispensa, guardiã de alimentos. Depreciar - do latim *dispretiare*, tirar a estima, aviltar o valor. Quando há desprezo, desdenha do feminino e suas vicissitudes. Estratégia, mulher, pouca valia. Sempre elogiada é a coitada que, quando o marido agressivo adoeceu, cuidou dele, cumpriu missão! Até a lógica do ajudar desresponsabiliza homem pela administração da casa, soa favor. O desprezo é filho do orgulho, esbarra no egoísmo. O orgulhoso não quer saber de seu deslize, mas dele se fazer soberano, desqualifica ao melhorar autoestima. Mesmo sabendo que, nem sob o céu de Paris amores não são contos de fada, não desistiremos de acordar sorrindo - lembrando de tua delicadeza em meus seios.

68

Separação de casais é banhada de transtorno, mágoa, mal-estar difuso. Sentimento de lesado - alguém arranca pedaço e deixa ferida sangrando. Nem toda paixão é alegre, as tristes nos roubam a vontade de sonhar, as alegres reforçam, junto ao encontro dos bons sentimentos, o desejo de viver. Como ser diferente, sair sem provocar abismos, poço fundo de sofrimento? Acordamos assombradas com o fantasma mal resolvido ruminando mentiras, decepção. O mar rançoso, rancoroso e nauseabundo precisa ser vasculhado, despoluído, libertado. Putrefação gera ímpetos de vingança. Trilha penosa, contudo, há outro caminho, outra língua que não seja da raiva. Salto rumo ao perdão aponta superação, generosidade nos sentimentos, esforço em não se consumir no ciúme, ira. Ostentar revanche, competir, invejar, aniquila alma. Ao nos aliviar do jorro maledicente, damos volta no tempo, tempestade, viramos arco-íris. Descartemos entulhos, nada de fixar no conluio do rancor e despeito, litígio é vingança, querela. Aprendi a separar, descobri que não vale guerrear. Mas cuidado, mineiro gosta de se esconder no remorso. Libertemos do olho punitivo, pecado é cozinhar amor vencido em banho de cólera. "Sim, o amor acaba, numa esquina, em cafés engordurados, no desenlace das mãos no cinema. Em Brasília o amor pode virar pó; no Rio, frivolidade; em Belo Horizonte, remorso; em São Paulo, dinheiro". O fragmento da crônica *O amor acaba*, de Paulo Mendes Campos, denuncia a dificuldade do mineiro em se libertar dos escombros, culpa marinada na compaixão. Autocensura, autopunição, inibição. Separação gestada no ordenamento moral, ao carregar o peso por ter feito o outro sofrer, ofusca liberdade. Suposto culpado anda cabisbaixo, encurvado. Procura no autoflagelo aliviar a alma reprimida, mortificada, desculpa do penalizado que não sustenta, sem constrangimento, o desejo. Crime e castigo. No sofrimento tenta resolver masoquismo, masturbar remorso é tortura. Amor condenado em corpo disponível ao sacrifício. O bom divã trata culpa, autoestima em frangalhos, apaziguamento garantido, melhor que cachaça de boteco. Milenar a prática de suprir escuta orientada no álcool. Amigo fiel do consternado, santuário dos fujões. Saravá. Já mulher precisa destilar lucidez impiedosa, sublimar, investir libido na escrita. "Leandro, esperei o ressentimento passar, um sentimento bonito bater e te escrever. Separar é processo, cada dia um suspiro diferente. Agora posso falar do que foi e do que ficou. Foram-se as mágoas, decepções, frustrações. De resto, sobraram fiapos, olhares agudos, risadas, piadas. O café da manhã na mesa pequena da cozinha, apertados na fome e no amor. Você sempre gentil picando frutas. "O ovo quente, mais um pouco no fogo? Vai endurecer". Dura ficava eu de tesão, lembrando de tuas lindas mãos no violão. O acervo afetivo começou com a música, nossa madrinha de casamento, com *Todo o sentimento*, preferimos então partir, a tempo de poder, a gente se desvencilhar da gente. Com a benção de Chico, dançamos *Valsinha*. "Você chegou diferente e me olhou de um jeito quente. Foram tantos beijos loucos, que toda a cidade se iluminou". E por aí não paramos mais, num tempo da delicadeza. Quem nos viu, quem nos vê, o amor é itinerante. Com os olhos molhados, insanos, me afasto desses *Anos dourados* - como é desconcertante despedir de um grande amor. Os almoços no intervalo de trabalho, na varanda do Minas Tênis, olhando pra peixada, admiração, pirão - mole, saboroso, apimentado. A companhia de quem gostamos é garoa fina, molha sem fazer estragos. Saía hidratada, sorvia encanto, degustava satisfação. Despedir, desinvestir do amor é procurar no tudo, Nada. Prova, coisa de cabra macho, jogar gelo na brasa, derreter rápido esperança de retorno. Desvario. Sei que fostes para nunca mais voltar. Te levaram, muita mulher disputando teu corpo já pouco envergado. Mas quando quero, o tenho. Te encontro em cada beco da casa - chinelo, pente, cheiro no travesseiro, shampoo solitário no banheiro. Na gaveta, chave e correspondência vencida, inventário da dor. Todos meus, não me sinto de toda abandonada. Me consolo com lembranças que o tempo, generosamente, me propiciou. Um dia estarei refeita, sozinha. Não tenho pressa, é saboroso sentir um pouco do tudo que fostes para mim. No baú da memória me vergo de prazer. Cortesia de despedida. Partiu com elegância, deixou resíduos. Fragmentos de uma vida a dois, amor de poucos. Privilégio, sorte minha, apenas seguirei como encantada tua, acreditando que, amor, quando aterrador, não acaba, modifica. Até."

69

O conceito de felicidade exige saneamento básico na política e vida privada. Sanear, faxinar o espaço público. O significante público está em declínio, sofreu intervenção dos poderosos que cobiçam terras, riquezas. Nossa felicidade está embargada, destruída por narrativas moralistas, racistas, machistas. Queremos recuperar o tesão, molhar calcinhas, cuecas. A porra do sexo ardente há de voltar, prescrevo sabedoria nas palavras. O mistério está na língua, afeto envolto em frases entusiasmadas onde jorra alegria, afinidade ao adentrar o santo sepulcro do erotismo. Se existisse nosso Senhor, rezaria pra fazer amor em estado pleno, trepar com tudo e, num arranjo existencial, gozar como todos, um direito. Nenhum governo pode interromper a volúpia dos enamorados. O que nos salva da loucura é a capacidade de fantasiar, deslumbrar com imaginação. Sexo solo, solitário, adoece, murcha, machuca. Não devemos dispensar a redenção do toque, liturgia solene, prazer plasmado entre bocas, mãos, coxas. Início de namoro há de ser festa, exaltação derretendo, transbordamento. Num tempo longínquo, começo de relação. Na mesa, café e pão. Faltava música na emoção. Fui providenciar, determinada, sabia fazer o dia se prolongar até anoitecer. Na lógica da conquista, ele me encarou, confessou: "ao ver teus pés firmes estalarem o chão, força e sanha inconfundíveis, percebi que estava condenado a te amar". Sonho dantesco, o paraíso estava perto, deveria experimentar. Céu ou inferno, o amor deve desabrochar. Alegria abençoada, radiante, haveria troca, oferta no olhar, cumplicidade na entrega. Alteridade, o outro é parceiro imprescindível no gozo. Recomendo que abandone amor pragmático, positivista dos escritórios e vivencie, experimente a glória. Não exagere na pegada feminista, fuja do clichê, deixe que ele admire suas lindas pernas, ele precisa olhar, se encantar, e nós precisamos sentir-nos dentro de seu olhar, todo excesso estraga, azeda, queira ser bem apreciada, cuidada. Burrice tem limite. Mas não se iluda, o mercado não preza amor, apenas sexo, nem desejo gosta de alimentar. Dispensa integração, a prática em ouvir, valorizar afinidades, ressonâncias, segue em decadência. O tesão do mundo está em desvendar outras paradas, recusar a mesmice branda e, ao evitar a repetição, desalienar. Romper o ideal de felicidade arrogante, medíocre, preconceituosa. Num passado exuberante, quando a convivência era fecunda, longa, em mesa de bar desafiávamos a petulância dos desprovidos de intensidade, vida interior. Entre tantos encontros de grande consistência, visitei, junto ao amigo e escritor José Maria Cançado, um puteiro. Zé Maria, alma profunda e elegante, grande sedutor literário cujos interlocutores eram Proust, Pedro Nava e Drummond - com quem nos arrebatou com a biografia *Os sapatos de Orfeu*. "Sujeitos como o capitão Elias movem-se com tanto mais liberdade em mundos como aquele, e seguram tão mais firme a coleira do clã, quanto mais sabem obscuramente que dentro desses clãs a peste do inconsciente grassa sem remédio". Zé buscava lampejos, confidências torrenciais, eu, puta à paisana. Recusávamos "uma realidade menos morta, de que vale ser filho da santa, melhor seria ser filho da outra". Junto a Chico e Gil, queríamos afastar do *Cálice*. A garota era amiga dele, gostava de recebê-lo, conversar, desabafar. Ambos se ouviam, escuta garantida, um pagava, outra acolhia. Lamentava as dificuldades de profissional do sexo, abrir as pernas em troca do leite ao filho. Vida nada fácil, exige desapego ao se entregar ao desconhecido, deixar meter o pau desafinado em desalinho, puta também tem suas preferências. Todavia, carecia, ao se nutrir da porra, deslumbrar esperança de vida melhor. De minha parte, pesquisava intimidade, entre uma frase e outra, algo destroçava - o que escutava, desvendava nichos revoltantes, histórias bastardas. Efeitos da injustiça social em cenário icônico - a cama da buceta afável, amiga de macho solitário. A meritocracia não atinge filhos de operários, lavadeiras, apenas de políticos, empresários. Pagamos pelo quarto, invadimos o altar da mendicância afetiva, santuário dos machos. A moça era carioca, veio em busca de emprego. De imediato foi o que lhe apareceu, a família aguardava os trocados, marido e filho desconheciam característica de seu trabalho. Além da luta na cama pra garantir orgasmo, deveria ocultar detalhes, trabalhar em bordel não soa bem à sociedade moralista, ilusão escrota. Desci as escadas de volta convencida que esse mundo exige bagagem, gente fraca, ingênua, surta! Importante desvirginarmos espaços sacros profanados na hipocrisia. Cinismo dos bem-nascidos.

70

O menino que não deu seus pulos, não foi na vizinha reclamar do excesso de barulho, tampouco na padaria devolver bolo mofado, agora sente aperto na alma, corpo paralisado ao tomar posição, decisão. Algo o bloqueia, quero minha mãe. Onde o apertam, adoece. Os sintomas são vários – diarreia, pressão alta, vertigens. O sexo frouxo, mascarado de forte, bazófia. Antes de entornar o vinho no colo de outra, negação e mentiras protagonizam a situação. Fim de caso, coração pelado, gelado, engasgo. Não queremos forçar, mas exigimos cuidado ao migrar, mudar de vulva. O momento é propício, estamos loucos pra tirar as máscaras, encarar a vida de cara limpa. Aproveitem, abandonem o buraco milenar da omissão. Não merecer um adeus digno é doer mais, sangrar tudo. Até quando seremos contempladas com a tortura do pouco caso? Outro dia disse à amiga: resolvi nunca mais ser traída. Não me envolverei, não quero saber de apaixonar. Cimentei tudo, nada há de vazar. Seguirei sem libido, nenhum líquido há de se anunciar, fonte seca, sofrimento banido. Machismo caminha disfarçado, uma cultura inteira nos espreita imersa em discurso branco, leviano, descompromissado. Eles contam com parcerias, corporativismo masculino, invejável, enquanto as mulheres guerreiam, atiram fel da maldade, eles, amizade comprometida com mal feitos. E a luta continua, nós que ainda abrimos porteira, aramos a terra e organizamos o plantio. Propomos conversar, sanear feridas, descalabros. Na vitrine da vida, gostamos de agradar, torcemos pra tudo se acertar. Chega de relevar. Não há saída na disputa, cada qual terá que descobrir sua aurora, fazer o devir de alma aberta, mãos largas. Decidir qual vida quer entrelaçar e, determinada, adotar como causa. Crença na lição feminista, o caminho, chão duro, todavia, não é mais possível continuar surpreendida com cadáveres, feminicídios. A moda pegou, deseducamos nossos garotos.Violentam, massacram, berramos, dor e desespero, indignação eivada de injustiça. Queremos a vida girando contrário, chega de atos atentatórios, misóginos. Como esperar um mundo decente, justo e ético de filhos estuprados por tios, meninas assediadas, abusadas por irmãos, vizinhos? É comum o abusador, também, um dia ter sido abusado. É a vingança do carrasco. A perversão não pode ser a tônica, tampouco a anomia. Vamos vigiar melhor os meninos, meninas, protegê-los dos corpos que não sofreram interdições em suas sanhas desabusadas. Um dia perguntei à minha mãe: por que me colocastes o nome de Maria, se nada lembro, virgem de manto imaculado? "Queria te induzir a santa, vivesse longe do inferno. Preferia que fostes freira, não casastes. Mulher sofre desaforos, pernas disponíveis doando na cama, mato, cozinha, proporcionando prazer, cuidados. Freira só serve a Deus, sem amargura, alma destroçada, desamor que punge, desprezo que devora. Muitas, até pelo marido são estupradas, obrigadas. Quer vida melhor, ser mulher de Deus, nunca ser traída"? Tentou convencer, merecer o céu das heroínas. De pronto, respondi: primeiro pecar, se não gostar, ao noviciado posso me candidatar. Dia que, deveras, nunca chegou, difícil se libertar da tentação, sexo é destino, porta de entrada aos que apostam em troca bem-sucedida. Casei, separei, contestei, denunciei. Segui ensinando, analisando, amando, confabulando. Fiz da aventura humana lugar de chegadas e partidas. Esse o livro de despedida da vida que construí ao bordar desejo em fios de prata, enxoval com pérolas da ilusão, cumplicidade na emoção - fidelidade duvidosa. Vida a dois tecida em rendas da consideração, sonhava merecer louvor, acabei sem nada, queimei dedicação com decepção. Caí em desalento, desonestidade me alcançou. Na fogueira, assei covardia, leviandade, nada faltou na festa da padroeira. Segui luz, destruí castelos, igrejas, amores infantis em casas de brinquedo. E entendi, amor pra durar, valer, uns dias ou mais. Não queira vida inteira. Melhor amanhecer em paz.

71

Minhas veredas são curtas, provincianas. Quiçá fossem como as de Rosa, muita inspiração. Não tenho magia nos dedos, escrevo no limite do feminino, o pouco que me proporcionou. Sem mistérios, só necessidade, desabafo, justiça. Palavras acanhadas, pagãs. Sou alhures, nos sertões de Minas fixei, aqui também nasce lua em coqueiro. Fiz valer a saudade do descampado paulista, terras rochas, sem maestria e Guimarães, reclamo desejos castrados. Abandonei casa, família, carrego-os comigo. Gente de muita sabedoria: "minha filha, se fizer besteira, você estraga a tua vida, não a minha. Cuidado com o que faz. Não vou te vigiar, vou confiar", registrou o pai. Desfrutei juventude, conquistei liberdade e militei por sexo com candura. Em casa, nenhuma mulher casou grávida. Mesmo morando fora, certa vez a ele chegou fofoca, gente maldosa enviando recado banhado em moralismo. Informava que na república que dividia com amigas havia festas, rapazes. Alguns por lá esticavam, na sala, viam o sol raiar. Certo dia recebo uma carta: "filha, já disse que não vou me preocupar, os passarinhos estão cantando além do que deviam, se cuida. Responsabilidade é item de primeira necessidade.

Com carinho, teu pai". Respeito se conquista, temor e violência são impostos na ignorância, aos berros. Gritar ao filho exigindo respeito é aprofundar ainda mais o abismo que os separa. Medo gera ódio, perversidade. Quando gostamos da pessoa, procuramos não magoar, decepcionar, só ferimos quem gosta da gente. Oposto de amor é indiferença, pouco caso. Ambos temiam ferir o imenso amor que um sentia pelo outro. O serviço braçal do campo, roçando, arando, plantando, ordenhando vacas, determinava o peso da vida. Enxada, suor e fé. Conferia valor em cima do custo do trabalho. Certo dia um empreiteiro desembarcou na fazenda com alguns peões. Trabalho temporário, sazonal. Terminado, recolheram os pertences, seguiriam estrada. De repente avisam que faltava o Adelino. Procuraram pelo rapaz, não acharam, foram embora. Depois de um tempo, apareceu. "Escondi, quero trabalhar aqui, gostei muito do Senhor, me tratou como gente, posso? Claro, há uma casa de empregado desocupada, mora lá". Por lá cresceu, se fez homem. Um dia, papai resolve ajudar o moço a se casar, julgava que estava na hora. Levou-o à cidade, hospedou-o em casa. Passearam - mostrou praça, igreja e o apresentou à manicure de minha mãe. "Morena bonita, trabalhadeira", comentou entusiasmado, eterno benfeitor. Sua causa era plantar, junto à lavoura, alegria em lábios alheios. Casou, comprou caminhão, se fez na vida e na amizade da família. Cresço atravessada dessas histórias, acredito que meu pai não amou outra coisa mais que as fazendas e suas vicissitudes. Como numa delas nasci, na exata cama do casal, amar meu pai era amar aquelas terras recheadas de sua presença, lugar de memória que guardo sorrindo. Sempre otimista, "tudo supimpa" - adjetivos positivos nos inundavam. Quando saio pra ganhar outros mundos, procurava o que já havia encontrado, o amor de meu pai. Nele construí minha identidade, cada lembrança me encharcava, lágrimas. Me curvava diante de cada minuto, fragmentos preciosos. Era meio pão duro com a família, aos empregados, coração largo. O boi, perto do sapato novo que sonhava ganhar, valia pouco. Cultivava pensamento e solo com singeleza. Cresceu na austeridade da mãe, mulher casmurra de coronel, braveza desnecessária. Mesmo na bonança, espírito de perdulário não cabia em seus domínios. Cultura de fazendeiro, muita terra, pouca diversão. Autêntico, despojado, comportava como se não devesse nada ao mundo e, a ele não deveria se curvar. Postura altiva, corpo ereto, humor em dia. Tudo deveria ser com antecedência, adiantar o expediente. "Abre a janela, Maria, que é dia". Ainda cedo, cantando, invadia quartos, acordava família. Preguiça, pecado. Deitou tarde, foi ao baile, levanta no horário do mesmo jeito. "Terminou de comer, lava o prato. Menina frouxa, basta de pexotada". De família religiosa, irmãs freiras, irmão padre, nem a igreja o dominou. Duvidava de religiosidade institucional. Sua fé, enterrava no curral junto à hipocrisia. Sua crença era tratar bem os empregados. "Que adianta rezar e maltratar o pobre coitado"? No cocho, sal e alegria, engordar boiada era missão. Vida toureada igual gado no tronco, nada pairava acima de seu sertão. Em volta do fogão a lenha, ele e o empregado fritavam linguiça, comiam a ilusão do bem-viver, abençoada na fé do bom coração. Amor de filha ao pai, quando intenso, perdoa, refaz relações arcaicas, duvidosas. Sobrevivi, do passado fez-se o berro. Na trajetória de refazer destinos, amassei o barro da felicidade possível - trem bão, briguem por ela.

72

Nas olimpíadas de 2021, no Japão, a revelação surpreendente foram as meninas se entregando com garra aos sonhos de atletas, arrancando com unhas e dentes o direito do feminino se posicionar, vencer. Uma surge do sertão maranhense, nasceu Imperatriz, conquistou o mundo com brilho e malabarismos nos pés. Dançou a valsa das destemidas, aguerridas. Com a magia de fadinha, transbordou simpatia. Na teimosia, enviou um chega pra lá ao presidente que não investiu em políticas públicas, esporte e cultura. Rayssa Leal com seu skate, jogou prata na cara dos machistas, maledicentes que desdenharam da força feminina em cima de um pedaço de pau. Passaram o recado; saberemos superar dificuldades, enterrem a falta de apoio, somos protagonistas do desejo e da crença no esforço, alegria da conquista. Dispensamos afetos negativos de adeptos do fracasso, somos o Brasil que resiste e quer dar certo. Rebeca Andrade, bailarina que surge da penúria, recusou a dureza de Guarulhos, foi do outro lado da terra buscar sua estrela, rodou mundo com força de elefante e, na ginástica, se impôs. Também enviou bilhete - não sou frouxa, não vou adular miséria, também gosto de ser feliz. Dançou, sorriu, ganhou ouro. Soube transformar a lama em que nascera em metal precioso, valor olímpico. Todas elas que voltaram trazendo medalhas em suas bagagens, metaforizam a vitória de um país que renasce das cinzas de um tempo nauseabundo. E que se recusa fechar - há muitas janelas se abrindo na fúria gigante de um povo simples, cheio de nobreza, soberano. Parabéns ao Brasil que não se demitiu, não desabou junto aos ditames de um governo fétido. Pelo contrário, encantou o mundo com a beleza singela de nossas meninas, perfumou o Japão com o aroma da simplicidade. Juventude que se embrulhou na bandeira do compromisso e jogou aos irresponsáveis do planalto central um quê de vitória. Desafiaram o mito do feminino, do pobre e do nordestino como gente pouco iluminada. Ledo engano, a força de país, dimensão amazônica, terra fértil, esbanjou disciplina, compromisso e luta - exuberância magnânima de muitas Marias, Rayssas, Rebecas. Queremos mais, muito mais medalhas e justiça. Nascemos com desejo de provocar, denunciar, cobrar o justo. Lançar na cara da tradição machista e adeptos da podridão preconceituosa, racista, crimes que roubam os sonhos de nossas curuminhas, bonequinhas, vítimas de assédios, invasões - maldição que sempre cochilou tranquila em corpo de macho. Resistiremos. E com coragem impetuosa, ultrapassaremos as lágrimas femininas, nordestinas, mineiras, brasileiras! Enterraremos a sina de infelizes, a vida das cajuínas que aqui não mais se destina.

73

Ao finalizar, retomo a temática do amor no neoliberalismo como lamento, um pesar por ver o quanto o esvaziaram do que havia de melhor. Amar é sugar o último caldo desse sentimento monstruoso que gerou lendas, nos acalentou à noite com histórias pujantes, embalando fantasias, repertórios dilacerantes, garantindo sonhos longe dos pesadelos que hoje escancaram a realidade incômoda. O lado tenebroso da vida poderia, pelo menos na infância, ser revestido de belezuras. Temos a sensação de que o amor se transformou mais ainda em mercadoria - meu tesão, minha barriga! Escuto relatos difíceis de acreditar. A tirania pela estética, fissura condicionada à obsessão em exibir corpo escultural tem atrapalhado o prazer da cama e da vida, comprometendo o desempenho sexual, afetivo. A sociedade de consumo, por meio de discurso recheado de imagens, apelos, padrões, vendeu a pecha. A indústria da estética e das síndromes que nos digam - perto de casa há doze salões de beleza, várias academias, drogarias, e nem uma livraria. Performance sexual nos aplicativos de relacionamentos, uma sequência paranoica de produção – minha ereção, meu pesadelo. Onde encontro uma farmácia? Jovem entra e pede um estimulante sexual. O amigo que o acompanha, espantado, indaga: "pra você, como assim"? "Vou viajar com a nova namorada, tenho medo de decepcioná-la, na ansiedade a coisa não funcionar. Prefiro prevenir, embora raramente eu derrape". Que sociedade é essa que inverteu a lógica da sedução? Outrora, o caminho ao Jardim do Éden se iniciava nas palavras e se apossava do corpo - pernas bambeavam, visão embaralhava, raciocínio fraquejava. Eles abriam a boca, molhávamos inteiras - corpo mendigo pedia socorro, quero isso, preciso desse interlúdio, por favor, não o dispense! Entorpecido de vontade, o mal sagrado se expandia - na mesa, no bar, cinema, cama noite adentro. Lá vivíamos todas as fases do gozo impiedoso, começava na conversa e, ao som de Keith Jarrett, seguia trilhas do toque. Mãos sagradas ao deslizar o corpo do outro, era como rezar pra Nossa Senhora, um percurso mais que divino. Em silêncio, chorando de emoção, partíamos pra consumação – um abria, outro penetrava. Sem pressa, sem pressão, com toda fantasia, imaginação. Munidos da vida e de tudo que pulsava, nos entregávamos numa grande trepada! Confesso que aprendi a gozar com os livros, estimulada por palavras orgásticas, precisa mais? Minas também contaminou com sua estética serena, a calmaria das montanhas embalada no *Baião Barroco*, ebulição! Ao lado de músicos como Juarez Moreira, verdadeira mediação, emoção. Assim minha geração subiu o Pico do Itambé, dialogando com a alma e seus enigmas, pura euforia. Sem viagra, molhávamos as palavras na boa cachaça, sanávamos a paixão entristecida, pouco estimulada, anestesiada. Para além da metaforização, desconfio que os jovens sofrem os efeitos da cobrança pela excitação - insegurança, tortura pelo gozo, ninguém pode fracassar. Talvez, ao internalizar imagem negativa dele mesmo, característica que o fixa como ruim, feio, indesejado, se culpa - mal-estar, autoestima despenca. Christoph Türcke, em *Sociedade excitada: filosofia da sensação*, aponta a necessidade que temos em ser percebidos, espetacularizados. Na esteira da psicanálise, completo: "toda demanda é demanda de amor" (Lacan). Türcke reconstrói o conceito de sensação - como se realiza a transformação do mundo moderno numa sociedade excitada. Sem adrenalina, pouco calor e sangue jorrando no coração, vida e sexo declinam - escravidão. Impossível querer apossar de todo prazer disponível no mercado, mesmo porque ele é escorregadio, ambivalente. Se não nos aceitarmos como somos, não ficaremos confortáveis ao nos despir ao outro, tampouco excitados. Toda nudez deve ser reverenciada, como toda brochada, bem acolhida. É mais que um corpo desvestido, é alguém se despossuindo, se entregando em busca de algo maior, que o ultrapassa, num ato de humildade, humanidade. É menos que incompetência, apenas uma foda que não se consumou - desejo desajustado para o momento. Chega de intolerância, ansiedade, se não rolar, com elegância e no gin tônica, a noite poderá deslizar. Absurdo o clima de pressão em cima do pau duro – estou nu diante do outro, será que irá aprovar? Para tanto, exagero nos aditivos narcísicos; bebida, estimulante, academia. Quero me expor da melhor forma, garantir bom resultado. Posto bons restaurantes, meu sorriso, minha viagem! Nada é mais limitado do que o prazer artificial, produzido. Aprenda fluir na própria correnteza, marcas afetivas nos atravessam. Ao avaliar seu corpo erótico, fuja dos gráficos. Muitos, ao fazer uso do estimulante sexual, ocultam das parceiras (os). Lamentável a falta de cumplicidade, o temor em não ser aceito, estamos aprisionando o melhor que a vida nos ofereceu, nossa forma singular de gozar, amar, apaixonar. Acredito que a satisfação sexual deve ser encarada como consequência da nossa vida, um traço, um espirro, uma verruga. O que me compõe deve ser decifrado, não tamponado com química, medicação alguma irá conectar intimidade, campo precioso que não se deve sufocar. Talvez, melhor seja superar dificuldade em dialogar com o estranho que nos habita, debruçar sobre o desconforto, incômodo, e, numa linguagem honesta, sem medo, nos derramar ao outro - quando a sexualidade e suas vicissitudes são as convidadas especiais da noite. O grande barato da vida, oculto, leva tempo pra mostrar a cara. De repente, no café da manhã, um estarrecimento - uma bela história de amor pode desembestar. Com calma, o corpo há de transbordar. Vacinado, nada há de dar errado.

74

Importante refletir sobre a construção dos significantes que definiram a mulher ao longo da história: descontrolada, doida, histérica, encalhada, louca. Ao debatermos sobre a loucura "nas mulheres", esse ser que outrora lotava os hospícios, não podemos deixar de associá-la à ausência de prazer sexual. Outrora, a vida sexual feminina era associada à maternidade, procriação, gerar filhos ao varão. Somente nos libertamos com a chegada da pílula. Sexo com prazer era raro. Sem direitos, insatisfeitas, sufocadas, desrespeitadas, sobrava enlouquecer - não apenas no sentido patológico, mas, ao tentar romper amarras, respirar, viver alhures. Sabemos que o orgasmo feminino nunca foi foco de interesse dos homens, corpo que, mesmo frio, sempre fez jorrar a porra imaculada! "A inutilidade do meu falar constante. Cerca-me o Nada. O Nada é um rio parado de olhar perdido. Não creio, mas se cresse seria bonito. Não creio e tenho o Nada – e o Hospício... Sinto tamanha necessidade de alguém que me ouça. Como gostaria de ser amada... A Colônia

Juliano Moreira, para onde vão os casos incuráveis, é o terror das internadas... Não se faz tratamento nas doentes por se considerá-las incuráveis. Várias aparecem grávidas, os pais das crianças são geralmente os próprios funcionários". Maura Lopes Cançado em *Hospício é Deus*, reúne fragmentos de nos tirar o fôlego. Relatos sobre sua passagem por hospícios em Minas e no Rio - e que a Autêntica Editora, tão sabiamente relançou. Maura sofria de feminino, desejos, angústias, sonhos, caprichos - querenças desajustadas pra época, anos 1960, 1970. Mulher de beleza estonteante, inteligente: "Nasci numa bela fazenda do interior de Minas, onde meu pai era respeitado e temido como o homem mais rico e valente da região". E como muitas, acabou enclausurada, silenciada entre grades, de ferro, ideias. Sempre descobrem como usar esses corpos, orifícios, obter prazer - caso atrapalhe, dominam. "Ninguém dorme, mulheres andam durante toda a noite pelos corredores, cantando e dançando - ou rezando... Nos dois meses em que estive lá, tinha na cabeça Castro Alves: Gritos, ais, maldições, preces ressoam". Maura procurava, ao se internar, refúgio, proteção, sempre só, incapaz de se comunicar, se abrir - amor coagulado. Mulher, templo da solidão, fúria da condição humana, dor sagrada, flor da resistência. Vivemos entre muros – fazemos doença, fugimos da loucura. Antes do feminino transbordar e nos aprisionar - cavar espaço, interromper o curso da repetição, sanar labaredas da maldição. Ao fomentar movimento da felicidade possível, de nos assumir e posicionar, arrisquei essa tortuosa escrita. Dedico às que sonham acordar plenas, babando de amor - trocando, compartilhando. Chega de sonetos de uma nota só. Queremos derreter ao som da grande orquestra, com todos os instrumentos em ação. Conceição Evaristo em *Olhos d'água*, afirma: "A gente combinamos de não morrer". Acrescento que mulher, negra ou branca, deve combinar de não submeter, quem se ama, se faz respeitar – respeito na sua complexidade! Ao procurar uma síntese para esse berro, descubro que machismo é questão de toda sociedade, e racismo, uma questão também dos brancos. Como desigualdade, indignidade que afeta a todos nós - sem água encanada, esgoto, o vírus deita e rola. Histórias em que feminino, pobre e negro foram considerados, não desprezados, maltratados, são raras. As histórias de amor que nos foram contadas, surgiam em castelos, sempre a bela e o príncipe. Nunca eram histórias em cabanas, barracos em que a mulher negra descia escadas, corria cantando, dançando, abraçando, beijando seu homem - negro ou branco! Assim contaminaram nosso inconsciente. Quando, certa vez, namorei um homem negro, pouca escolaridade - artista/escultor nato -, sofri olhares sagazes, impetuosos. Ao nos candidatar ao amor, melhor destruir o carrasco que cochila em nossa parte maldita, primeiro sanar o narcisismo exaltado para que ele não jorre, sangre sobre o outro. Lembremos que o verdadeiro amor acontece, não é objeto de balancetes, astrologia, meritocracia - dádiva da condição humana. Merece ser honrado, respeitado em sua radicalidade.

75

O diálogo que estabelecemos ao longo dos textos, focando o cotidiano das mulheres apontou, sobretudo, para a desqualificação do ser feminino. Relatos de violência, abandono, descaso, muito mais que de amor, desejo de cuidar. Reconhecimento, palavra demasiada ausente do repertório masculino. Como é difícil elogiar uma mulher, como eles temem perder o falo, ficarem nus, expor as fendas mal-acabadas. A sensação é de que nos olham como inimigas, disputando com as sombras que os ameaçam, perturbados pelo medo do fracasso. Nós, eternas anfitriãs do amor, esperamos, com a taça mergulhada na frustração, algum socorro! Como é vazio e decepcionante enterrar amor num mundo organizado para o gozo deles. Dissabor, desgosto, destempero, preciso berrar! Só queria te amar! Isso é a mulher. Acordo e lembro do sonho: Ele, cara do desejo, encosta o rosto no meu, olha dentro, profundeza desce seduzindo tudo. Um beijo longo, mudo, desaba, toca entranhas, vai até o último do corpo. Toda sensação de amor metaforizando o que tentei esboçar nessa escrita/vivida plasmou-se na linguagem do inconsciente em forma de um beijo abissal. Somos loucas pela paixão, desvario, queremos ser tudo o que lhes faltam. Me ofereço e num delírio narcísico, espero, um dia, ouvir: Você é tudo que sonhava, bica no deserto. Sabendo que noite vira dia e luz ofusca lucidez, me recolho diante do sonho de saborear orgasmo compartilhado. Queria registrar o terremoto interno quando, nós, mulheres, sentimos o amor acontecendo. Inebriadas, insistimos com seu "doce predileto", afagar sua vida, perfumar seu hábito. Não há vergonha na entrega calorosa em bordejar intuição na felicidade. Sem amor, às vezes não passamos de buraco vazio implorando ser preenchido, corpo caído. Amar, escrever, berrar, importante é tingir o debate com a insatisfação feminina, tecer sentimentos com palavras, fomentar o conflito entre subjetividades. Amar é capacidade de tocar recôndito, o imperceptível, dar conta de falar aquilo que tentamos esconder. O amor, quando escapole e dá forma às palavras, torna-se feminino, seguido de um caráter ordenador e curativo. A "cura" que aqui interessa destacar é a que alivia a alma e atesta o sentido da existência. A libertação pode nos chegar de várias formas, mas se for pelo belo e sublime, tanto melhor. No amor nos sentimos perdoados, menos desarrazoados. O verdadeiro amor não busca aplausos, mas ser honesto em sua trajetória. Tudo que nos ajuda transcender o real faz bem e contribui para a "cura". Quando o amor não se demite dos momentos difíceis, sofrimentos, ganha dimensões gigantescas, fecundas, profundidade de dar inveja. A intensidade do amor é proporcional à veracidade que o cerca, momentos que nos enredam - atesta nossa capacidade de companheiros. Tortura meiga, jamais inventaria algo belo e dilacerante, agudo e delicioso, extasiante e impertinente, constante e intermitente. Só pode ser coisa de gente fera, divindades, esses monstros que surgem pra botar sabor em nossa duração. Caramba, precisava ser tão atordoante, puro assombro, incendiário. Amar é experiência radical, mas o mundo atual não comporta vapores desse tipo - raleado, rarefeito, nada excepcional, tudo mais ou menos, bem menos. Sofremos! Caso o amor te visite, aproveita cada segundo, ele sempre nos escapa. O descompasso que cerca relações amorosas pode ser melhorado, para tanto, os homens precisam querer, comprometer. Aprender reivindicar, adoçar a forma de nos querer - nossa boca, Toda. Dia em que a vida deixará de nos oferecer mais desamor que cama macia, emanada de alegria. Somos filhas da injustiça, a vida nos fez bravas e amenas, fortes e sensíveis, sem isso sucumbiríamos - o anjo sedutor, ilusão de arrebatamento nos encurralam, atolam. Doce inferno. Todavia, somos eternas amantes de Eros, do bem viver, arrastar ressentimento não é do nosso feitio. Esse livro é de muitas, todas munidas na esperança de mudança, embora escrito com sangue nos olhos e boca espumando, no fundo é grito de alerta. Nos ajudem salvar o que não pode morrer. Berramos toda raiva e desaforo que nos fizeram passar. Contudo, para alívio de todos, sabendo que o amor não gosta de disputa, competição, insistimos na superação de rancor, ódio. Para tanto, escolhemos a prosa lírica, poemas letrados, a língua do âmago. Amar é abrir invernadas, arar terras inusitadas, rever taludes íngremes, descabidos. O Bardo feminino é músico, solista, presença constante em nossas janelas, dançando, cantando. E junto ao Chico; "Chega perto, vem sem medo, Chega mais meu coração... Chora manso bem baixinho, Esse choro *Falando de amor*". Eis o tributo a esse sentimento inalienável. Estamos precisados!

POSFÁCIO

Esse livro se justifica pela necessidade em atender à um apelo interno, algo cobrava; você precisa expandir o que levou uma vida estudando, refletindo - ajudar os que não tiveram mesma oportunidade. A psicanálise deve romper muros elitistas, extrapolar preconceitos, não é coisa de loucos e endinheirados, mas instrumental teórico poderoso que pode "salvar" relações, amores, vidas - prevenir é melhor que remediar. Precisamos ocupar os espaços vitais como muitos já vêm fazendo por meio das mídias, ampliando a tribuna - estão nas redes sociais rasgando, numa linguagem acessível, a noção equivocada de que, ao sairmos dos consultórios, estaríamos vulgarizando esse campo de conhecimento. A interlocução da psicanálise com outros saberes é fundamental, uma dança interdisciplinar se faz necessária. Embora esse Berro seja autoficção e não ensaios acadêmicos, foi escrito com olhar fincado na psicanálise. Como acolher registros femininos que escancaram atos para além da razão, princípio do prazer? Recusar posição de vítimas, avançar a lógica formal, relacionando, por exemplo, violência e frustração. Responsabilizar pelos equívocos, incapacidade de amar - somos partes de um todo que merece reflexão. Durante minha formação frequentava muitas jornadas, congressos. Em um minicurso sobre drogadição na UFMG, a coordenadora, brasileira com doutorado na França, veio para o congresso a convite da universidade. Ao nos apresentar, uma senhora se identificou: "não sou da área, apenas uma mãe em busca de ajuda, minha filha é usuária de drogas, não sei como proceder". Inicia-se o curso e, curiosamente, nenhum momento a demanda daquela mãe foi contemplada - suportou quatro horas de Lacan, sua angústia só aumentava. Nenhum recorte foi feito, nenhuma luz saiu do espectro arrogante da academia, tamanha a distância que a separa da vida do povo, embora mantida com recursos públicos. Saí indignada, ofereci meu contato, caso se interessasse. Ela me procurou, iniciamos um processo analítico, creio que pude ajudá-la. Foi quando resolvo romper o muro, pular pra rua, jornais, grupos de estudos no consultório, democratizar o debate. A psicanálise deve estender aos interessados olhar amplo, romper o discurso hermético e se lançar como ferramenta de reflexão das práticas sociais, quando o individual e o social se interconectam. "Sempre que o discurso psicanalítico se apresentou como autônomo e descolado da existência real... transformou-se numa ortodoxia marcada pela ritualização (religiosa e obsessivo-compulsivo) de seus procedimentos (técnicos, clínico e conceitual), perdendo a sua inventividade, o seu brilho e até mesmo o seu viço". Joel Birman nos contempla com dimensão política, social, cultural. Sempre o grande mestre oferecendo direções na expansão do trabalho psicanalítico. Acredito que esse campo teórico, de profunda riqueza simbólica é como nossa pele, onde vamos, carregamos. Nessa lógica, ele seria o couro que cobre a vida subjetiva, basta querer se implicar que rola coisa interessante - interpretações, análises. Digo isso não no sentido de causar constrangimento, mas em operar como aquele que chega pra almoçar e, além do sorriso, traz vinho e queijo. A pretensão é esvaziar rivalidades, rancores, ressentimentos – ao defender o amor, nos prevenimos das patologias. Alma enfraquecida, entristecida, se apaga em corpo mórbido, deprimido, um convite às mazelas. Questão de todos, os homens também perdem, embora poucos queiram saber, decifrar sintomas, sofrimentos. Recuse a guerra, ciúme destrambelhado, maledicência venenosa. Disputar poder no amor é tóxico, insuportável. O amor exige que estejamos bem em nossa interioridade, gente infeliz alia-se mais ao ódio e rancor, que ao lado gostoso da vida. Evite fazer parcerias doentias, ajude-as a se tratarem. Quando gostamos das escolhas que fazemos, ao nos olhar no espelho, não enxergamos rugas, mas a vida que levamos - até nos achamos bonitos, mesmo envelhecidos. *Eterno Estado de poesia*, êta Chico César!

Inez Lemos

Dulcineia

A força vital da novela "Dom Quixote" vem de encontros entre a realidade e a idealização da linguagem derivada dos romances de cavalaria. Assim, unimos a figura histórica que inspirou a criação da personagem de Cervantes e a imagem idealizada da musa que fazia Dom Quixote sonhar. No selo Dulcineia, o leitor encontrará a linguagem estilizada da poesia, das novelas, contos e ensaios com autoras e temas femininos reais do mundo atual. Dulcineia é um caminho a ser seguido por quem parte em busca das mais quixotescas aventuras: a leitura.

#tudocomeçanalivraria
#QuixoteDo2022
#BerrodeMaria

1ª edição [2022]

Esta obra foi impressa na Gráfica Formato
em papel Pólen Bold FSC 90g/m²
para a Quixote+Do Editoras Associadas.

Selo "FSC®" – Forest Stewardship Council (Conselho de Manejo Florestal) é obtido por empresas que têm sua operação avaliada, garantindo que o papel usado na impressão é produzido de maneira ambientalmente adequada, socialmente benéfica e economicamente viável. A Formato é certificada desde junho de 2010.